世界就业和社会展望

2019 年趋势

国际劳工组织　编著

张绘　赵飞　胡铃钰　译

中国财经出版传媒集团

中国财政经济出版社

国际劳工局出版物使用的名称符合联合国惯例，其内容不代表国际劳工局对任何国家的法律地位、区域或领土及其当局或边界划定发表意见。

署名文章、研究报告和其他文稿，文责由作者自负，出版发行并不构成国际劳工局认可其观点。

提及的企业和商业产品和生产的名称不意味其得到国际劳工局的认可，而未提及的企业和商业产品和生产也并非意味着不认可。

国际劳工局对中文翻译的准确性和完整性，以及翻译的不准确、错误和删减及由此造成的后果不承担任何责任。

图书在版编目（CIP）数据

世界就业和社会展望2019年趋势/国际劳工组织编著；张绘等译. —北京：中国财政经济出版社，2019.9

书名原文：World Employment and Social Outlook：Trends 2019

ISBN 978-7-5095-9179-6

Ⅰ.①世…　Ⅱ.①国…②张…　Ⅲ.①劳动就业-研究报告-世界-2019　Ⅳ.①F249.1

中国版本图书馆CIP数据核字（2019）第185337号

责任编辑：吴　敏　刘孺泾　　　　责任校对：李　丽

中国财政经济出版社出版

URL：http：//www.cfeph.cn

E-mail：cfeph@cfeph.cn

社址：北京市海淀区阜成路甲28号　邮政编码：100142

营销中心电话：010-88191537

北京富生印刷厂印刷　各地新华书店经销

880×1230毫米　16开　8印张　90 000字

2019年9月第1版　2019年9月北京第1次印刷

定价：42.00元

ISBN 978-7-5095-9179-6

（图书出现印装问题，本社负责调换）

本社质量投诉电话：010-88190744

前　言

本报告评估了影响全球劳动力市场趋势的新挑战和长期挑战。对于劳动世界的未来全球工作委员会报告（ILO，2019）提出的建议及其呼吁重视就业性质的转变、就业在经济和社会中的地位，作为“以人为本的未来工作议程”的一部分，本报告也给出了有益的分析。

如果要推行这一议程，我们在分析劳动力市场趋势时必须注意某些关键问题，包括：公平问题，如区域之间和区域内分享增长和体面工作的经验；扩大劳动力市场表现指标的选择范围，如非正规性、就业不足和在职贫困率，以及标准就业率和失业率指标；性别问题，通过对统计数据进行分类，不仅要突出性别差异，而且要正确理解劳动力市场的运作情况；可持续性问题，如通过了解劳动力市场各个特征的相互作用所产生的良性或恶性循环。

这份关于劳动力市场趋势的最新报告倾向于一种更为细致和全面的办法，以促使采取的新办法来努力实现“更美好的未来”（同上）。第 1 章介绍全球概况，在可能的情况下按收入水平对各国进行分类。第 2 章以独特的叙述方式分析了区域层面正在发生的情况，反映了每个区域内的主要经验、现实以及政策关切。第 3 章就联合国 2030 年可持续发展目标 8“促进持久、包容和可持续经济增长，促进充分的生产性就业和人人享有体面工作”的进展情况提供了一些初步结论。作为 2019 年 7 月召开的联合国可持续发展问题高级别政治论坛筹备工作的一部分，国际劳工组织将在未来几个月进行更深入的、多维度的分析。

更重要的是，国际劳工组织关于体面工作、包容性增长和社会公正的全球愿景应建立在强有力的、最新的和相关的劳动力市场研究和数据的基础之上。我们希望这份报告能够为实现这一目标做出重要的贡献。

Guy Ryder

盖伊·莱德

国际劳工组织总干事

致　谢

《世界就业和社会展望 2019 年趋势》由国际劳工组织研究司劳动力市场趋势和政策评估处编写。报告的作者主要有 Stefan Kühn、Santo Milasi 和研究司司长 Damian Grimshaw。在编写过程中，Ekkehard Ernst 和 Lisa Feist 做出了重要贡献，Erika Chaparro 也提供了宝贵的研究协助。

本报告中提出的国际劳工组织模拟估算是在由 Verónica Escudero 领导的国际劳工组织研究司劳动力市场趋势和政策评估处以及由 Steven Kapsos 领导的国际劳工组织统计司数据制作和分析处的合作下完成的。本报告的作者特别感谢 Roger Gomis 在模型设计和结果核实方面所做出的突出贡献。此外，劳动力市场指标的基本数据由国际劳工组织统计司收集整理。

国际劳工组织研究司司长 Damian Grimshaw、负责政策事务的副总干事 Deborah Greenfield 和总干事高级顾问 James Howard 为本报告提供了宝贵的意见和建议。

国际劳工组织研究司在此感谢以下同仁的宝贵意见：Antoine Bonnet、Aurelio Parisotto、Beate Andrees、Carlos Andre da Silva Gama Nogueira、Catherine Saget、Christian Viegelahn、Christina Behrendt、Domenico Tabasso、Elisenda Estruch Puertas、Guillermo Montt、Irmgard Nübler、Kee Beom Kim、Ken Chamuva Shawa、Marva Corley – Coulibaly、Michelle Leighton、Naren Prasad、Patrick Belser、Sara Elder、Shane O'higgins、Uma Rani、Verónica Escudero 和 Waltteri Katajamaki。我们在此对国际劳工组织非洲、阿拉伯国家、亚洲和太平洋、欧洲和中亚以及拉丁美洲和加勒比区域办事处提出的建议表示感谢。

最后，我们还要感谢 Judy Rafferty 和出版处的同事在报告编写过程中提供的协助，并感谢国际劳工组织交流和公共信息司的同事在宣传本报告方面给予的持续支持。

目　录

图

表

执行摘要

包容性强和运作良好的劳动力市场是国际劳工组织提供体面工作和支持社会公正宗旨的核心任务。这是因为工作收入是全世界绝大多数家庭的主要收入来源，也因为工作的合理安排可以强化平等、民主、可持续性和社会凝聚力的核心原则。这一概念在2019年国际劳工组织成立一百周年之际得到了强化，劳动世界的未来全球工作委员会（Global Commission on the Future of Work）的报告[①]提出了一个强有力的愿景——为了劳动世界的未来而确保以人为本的议程。该报告呼吁制定以人为本的议程，重新关注人的多元能力以及劳动力市场机构的潜力，并强调在发达国家和发展中国家被忽视的经济领域进行投资的紧迫性。基于这一新的愿景，有必要在介绍和分析劳动力市场趋势时侧重于平等、可持续性和包容性等问题。

国际劳工组织收集的2018年最新的全球数据显示出一些进展，但是，体面的工作岗位仍然紧缺，各区域都面临许多不同的挑战。成立一百年以来，在帮助解决体面工作岗位不足，以及使人们能够就劳动世界的未来全球工作委员会提出的雄心勃勃的建议展开辩论方面，国际劳工组织的指导仍是必不可少的。

劳动参与率的性别差距依旧悬殊

女性劳动参与率低，2018年为48%，而男性的该比例为75%，这意味着2018年全球35亿劳动力中约有五分之三是男性。在2003年以前，劳动参与率的性别差距持续缩小，但之后几乎处于停滞状态。2018年出现了27个百分点的巨大差距，这促使相关部门采取政策行动，以促进全球劳动力市场的性别平等，并最大限度地提高劳动者的能力。总体而言，过去25年来成年人的劳动参与率一直在下降，15—24岁的年轻人的劳动参与率尤其下降得厉害。预计这种下降趋势在未来还将持续下去。导致这种现象出现的部分因素是积极的，包括入学率的提高、退休机会的增加和预期寿命的提高等。然而，抚养比（即非经济活跃人口相对于经济活跃人口的比例）的上升对工作安排和社会资源分配提出了新的挑战。

体面的工作岗位普遍不足

2018年全球就业人口为33亿人，其中大多数缺乏物质福利、经济保障、平等的机会以及发展空间。有工作并不总是能保证过上体面的生活。许多工人发现自己不得不从事缺乏吸引力的工作，这些工作往往是非正规的，且工资较低，很少或根本没有社会保障以及工作中应享有的权利。值得注意的是，2018年有3.6亿人为家庭帮工，11亿人是自营劳动者，而这种现象的产生往往是由于正规部门缺乏就业机

① 国际劳工组织：《为了更加美好的未来而工作——劳动世界的未来全球工作委员会》（日内瓦，2019年）。

会和/或缺乏社会保障制度所造成的。总体而言，2016 年有 20 亿工人为非正规就业，占全世界劳动力的 61%。2018 年，中等和低等收入国家有超过四分之一的工人生活在极度或中等贫困之中，这也反映出很多工作的质量低下。比较乐观的是，在过去三十年中，特别是在中等收入国家，工作贫困的发生率大幅下降。然而，在低收入国家，预计减贫的速度无法与就业增长的速度同步，因此，预计这些国家的实际工作贫困人数还会增加。

尽管全球失业率持续下降，仍有超过 1.7 亿人失业

2018 年全世界约有 1.72 亿失业人口，失业率为 5.0%。值得注意的是，尽管全球失业率仅用了一年时间就从 2008 年的 5.0% 上升到 2009 年的 5.6%，但恢复至全球金融危机前的普遍水平却花了整整九年时间。目前的前景尚不明确。假设经济状况稳定，预计许多国家的失业率将进一步下降。然而，宏观经济风险已经加大并且已对一些国家的劳动力市场造成负面影响。总体上，全球失业率在 2019 年和 2020 年应保持相对平稳。由于劳动力人口增加，失业人口预计每年将增加 100 万人，到 2020 年时达到 1.74 亿人。

女性劳动力利用不足的情况更为普遍

除失业人口外，2018 年还有 1.4 亿“潜在劳动力”，这意味着他们必须被归类为未被充分利用的劳动力。在这些正在找工作但无法就业，或有能力找到工作但不找工作的人群中，女性（8500 万人）远远多于男性（5500 万人）。因此，女性劳动力利用率不足（11.0%）的情况比男性（7.1%）严峻得多。此外，女性更有可能从事兼职工作，她们中的大部分人表示自己更喜欢从事工作时间更长的工作。

各国和各区域的劳动力市场面临的挑战各不相同

虽然与工作质量、失业和性别差异有关的挑战在劳动力市场普遍存在，但其具体特性和影响程度因区域和国家的发展水平不同而存在差异。在低收入国家，一个人即便有工作，往往也难以摆脱贫困。虽然工作贫困的发生率通常随着经济发展而降低，但在不同程度上，其他劳动力市场目标对许多国家来说仍是遥不可及的，如正规就业、社会保障、就业保障、集体谈判权以及在工作中要遵守的劳工标准和权利。因此，确保这些目标的达成是政策决策者必须面对的重大挑战。此外，一些新的商业模式往往是通过技术创新实现的，这有可能对劳动力市场现有的成就造成冲击。在过去几年，高收入国家的失业率大幅下降，但由于经济放缓，一些中高收入国家的失业率已经上升或正在上升，使很大一部分劳动者处于贫困的高风险之中。最后，尽管劳动力市场中的性别不平等也是一种全球现象，但值得注意的是，这种性别差距在阿拉伯国家、北非和南亚次区域最为严重。

实现可持续发展目标 8 的进展比预期的要慢

可持续发展目标 8 呼吁国际社会“促进持久、包容和可持续的经济增长，促进充分的生产性就业和人人享有体面工作”。鉴于当前的趋势与可持续发展目标 8 所设想的目标相差甚远，因此实现这一目标还需要做出更大的努力。

在过去五年间，全球最不发达国家的国内生产总值（GDP）年均增长率都低于 5%，这意味着这些国家未达到可持续发展目标 8 设置的将 GDP 年增长率至少维持

在7%的目标。此外，世界大部分地区近期的人均GDP增长率和劳动生产率均低于过去几十年的水平。

应通过促进生产活动、创新和正规化来实现可持续发展，同时优化用于生产和消费的资源效率。事实上，在大多数国家，超过一半的非农业劳动力仍未实现正规就业。要使全球经济完全正规化，仍然任重而道远。此外，尽管高收入国家的资源效率有所提高，但全球人均物质消费量仍在增长。从好的方面来看，自2011年以来，全球单位GDP增长所需的平均物质消耗量已经降低并逐步趋于稳定。实现“充分和生产性就业，人人享有体面工作……并做到同工同酬”这一目标仍然艰难。虽然全球失业率有所下降，但如上所述，全球仍有1.7亿多人失业。此外，女性、青年（15—24岁）和残疾人就业的难度依然很高。同样令人担忧的是，超过五分之一的年轻人“啃老”，没有就业、接受教育或培训（NEET）。由于就业技能的缺失，这给他们今后的就业带来很大的难度。从长远来看，啃老族比例较高阻碍了一个经济体实现持续的增长。2005—2018年全球啃老族比例仅下降了2个百分点，这意味着可持续发展目标提出的到2020年大幅降低啃老族比例的目标难以实现。最后，大多数国家的“要素加权”薪酬性别差距从10%—25%不等，这表明世界距离实现同工同酬的目标还有很长的路要走。

可持续发展目标8的一些具体目标涉及所有人在工作中应该享有的基本权利和保障。2016年仍有1.14亿名童工（5—14岁），尽管这一数字在下降，但下降的速度太慢，无法实现到2025年终结所有形式童工劳动的目标。《结社自由和保护组织权利公约》（1948年，第87号）和《组织权利和集体谈判权利公约》（1949年，第98号）这两个国际劳工组织核心公约已被越来越多的成员国批准：截至本报告撰写之时，166个成员中已有155个分别批准了这两个公约。关于职业安全与健康，各国的致命和非致命伤害率有很大差异。此外，男性的职业伤害率往往比女性高得多。在大多数国家，移民遭受职业伤害的风险也比非移民要高。

第 1 章　全球就业与社会趋势

全球劳动力市场概述

到 2018 年底，全球人口达到约 76 亿人（联合国，2017）。提高所有人，特别是那些不那么富裕的人的福祉应该被置于任何政策议程的最重要的位置。实现可持续发展目标是政策制定者在努力时的一个重要目标。《世界就业与社会展望 2019 年趋势》详细分析了与人类繁荣和福利有关的主要劳动力市场指标的近期趋势。劳动力市场是实现可持续发展目标和促进以人为本的发展的关键。这是因为工作收入是世界上绝大多数家庭主要的收入来源，也因为工作的合理安排可以强化平等、民主、可持续性和社会凝聚力的核心原则。

2018 年，全球适龄劳动人口（包括 15 岁及以上的男性和女性劳动者）① 为 57 亿（见图 1.1）。其中，33 亿人（58.4%）有工作，1.72 亿人失业。这两个群体组合在一起构成了全球劳动力，因此，2018 年其数量为 35 亿，劳动参与率为 61.4%。其余 22.2 亿（38.6%）适龄劳动人口不在劳动力范围之内，包括接受教育的人、从事无偿护理工作的人和退休人员。在这个群体中，有 1.4 亿人属于潜在劳动力（即那些正在找工作但还没有找到工作的人，或那些能找到工作但却没有在找工作的人）。

有关就业率和劳动参与率的统计采用国际劳工统计学家会议（ICLS）相关决议中确定的定义。这些决议定期更新，以适应不断变化的劳动世界的形势。例如，2013 年举行的第十九次国际劳工统计学家会议缩小了就业的定义，将就业定义为为他人从事的、以报酬或利润为交换条件的活动。与此同时，工作的定义也扩大到包括为自己提供产品和服务，如无偿护理工作（ILO，2013）。这些变化和最近第 20 次国际劳工统计学家会议通过的有关决议中的变化（ILO，2018b）都没有反映在本报告的全球劳动力市场统计中。在国际劳工组织的支持下，我们仍在设计和测试新的劳动力调查问卷。目前，尚未得到一些国家基于新定义的数据，但是这些国家的数据将会占据最终数据总量的很大比例（更多的关于应用第 19 次国际劳工统计学家会议通过的新定义可能产生的影响，请参见 ILO，2018c，专栏 6）。

① 在确定适龄劳动人口时，国际劳工组织没有设置工作年龄的上限。世界上很大一部分人口无法享受到老年福利；换句话说，很多人别无选择，只能尽可能长时间地工作。即使在提供老年福利的国家，退休年龄也有很大差异，这意味着退休年龄可能经常会发生变化。

图 1.1

2018 年全球劳动力市场概况

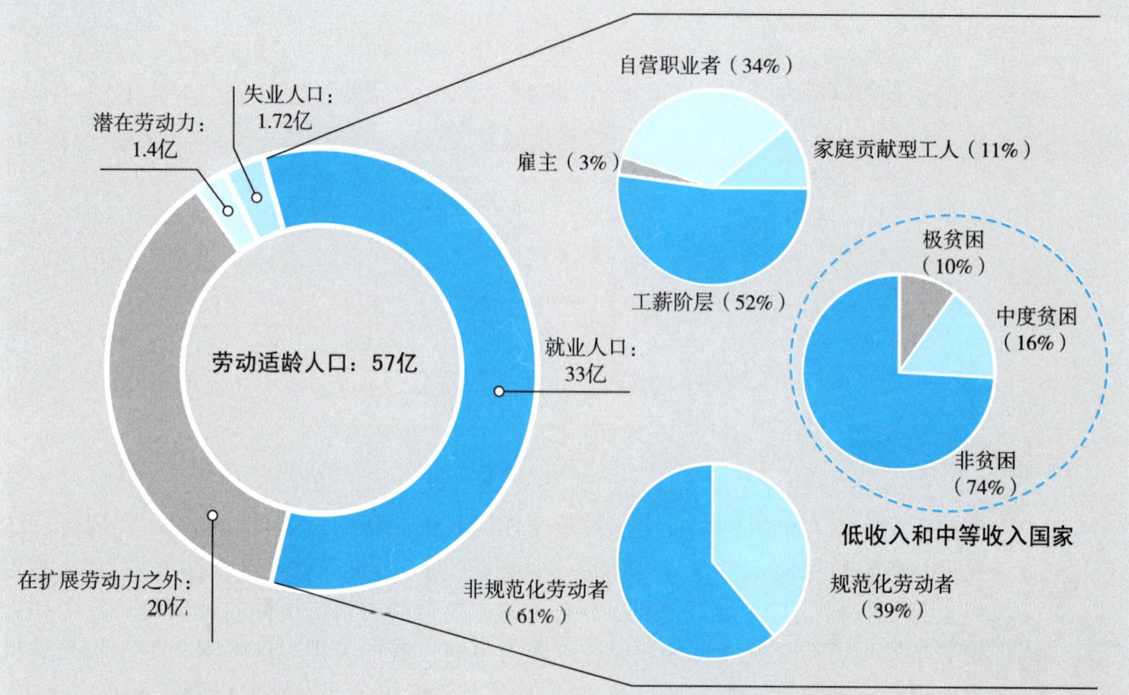

注：工作贫困率是指在低收入和中等收入国家，生活在中度或极度贫困中的劳动者的比例。中等和极度工作贫困率分别指，按购买力平价（PPP）计算，生活在每日人均收入或消费支出介于 1.90 美元和 3.20 美元之间，以及低于 1.90 美元的家庭的劳动者的比例。

资料来源：国际劳工组织模拟估算，2018 年 11 月；ILO，2018a。

体面工作不足的情况普遍存在

有偿工作是提升物质福利、经济安全、机会平等和人类发展的关键驱动力；然而，这些领域的进展缓慢仍然困扰着全世界大多数劳动者。这就意味着有工作并不总能确保劳动者过上体面的生活。世界上还有很大一部分适龄劳动人口面临贫困的问题。在这种情况下，工作就是劳动者个人努力满足自身及其家人的基本生活的问题。实际上，许多劳动者不得不从事不稳定的工作，特别是在非正规经济中，它通常意味着低工资、很少或根本没有社会保障以及在工作中应享有的权利。约有 3.6 亿家庭帮工（占就业人口的 11%），他们缺乏有效的社会保障和收入保障，其就业状况被定义为非正规类别。另有 11 亿人（占全球适龄劳动人口的 34%）是自营劳动者。虽然自营工作能推动创业，但其中很大一部分是由于正规部门工作机会或社会保障制度的缺乏而造成的；事实上，约有 85% 的自营劳动者在非正规经济中就业（ILO，2018a）。最后，全球有超过一半（52%）的劳动者是有薪雇员。这类就业往往与更好的工作条件和更高的收入保障有关，尽管在世界很多地方情况并不一定如此（见第 2 章），事实上有 40% 此类工作属于非正规工作。总的来说，令人震惊的是，全球 20 亿劳动者从事着非正规工作，占世界劳动力的五分之三（约 61%）。此外，在全球 55% 的人口中，很多非正规就业的劳动者没有得到任何社会保障（ILO，2017a）。许多低质量的工作也表明了这样一个事实：2018 年全球超过四分之一的低收入和中等收入国家的劳动者生活在极度贫困或中等贫困中（也就是说，按购买力平价计算，每天的收入或消费支出不足 3.20 美元）。

就业率增长随劳动力增长的放缓而下降

全球适龄劳动人口的年均增长率从 1990—1995 年的 1.9% 降至 2013—2018 年的 1.3%；预计到 2030 年将进一步下降到 1.1%。劳动力增速的下降反映了这一变化，劳动力增长率从 1992 年的 1.8% 降至 2018 年的不足 1%（见图 1.2），同期就业率的增速也有所下降，从 20 世纪 90 年代的年均 1.5% 下降到 2018 年的不足 1%。一般而言，就业率的增长速度不能总高于劳动力的增长速度，否则就业人口总数将会超过劳动力总量，这种情况是不可能发生的。图 1.2 显示，20 世纪 90 年代就业率增速低于劳动力增速，而 2004—2007 年就业率增速比劳动力增速平均高出 0.25 个百分点，从而使失业率大大降低。自 2010 年以来，就业率和劳动力的增长率一直非常接近，但在大部分时间里前者略高于后者。预计 2018—2020 年这两者的增速将保持当前的水平，因此全球的失业率将基本保持不变。

经济增长放缓，但生产率增长仍保持稳定

人均 GDP 增长率和每个工人的 GDP 增长率是可持续发展目标 8.1 和 8.2 的两项指标，也是被广泛运用的两项指标。这些基于 GDP 的指标的适用前提是整个社会积累的财富应该惠及所有人。然而，将 GDP 作为衡量经济发展和社会进步的指标具有很大的局限性，因为它不能呈现出有关工作条件、收入分配或环境退化的任何信息，也没有涵盖诸如无偿护理工作等重要活动。这些局限性导致出现一些不局限于 GDP 的新指标的提出（Berik，2018；EC，2018；ILO，2019；OECD，2018a，2018b；WEF，2018）。但迄今为止，GDP 仍然是运用最为广泛的经济发展指标。

由于 GDP 的增长为就业增长和生产率增长之和，因此这三个指标密切相关。在短期内，经济增长的差异会对就业情况产生影响。另一方面，在长期内，GDP 的增长速度超过就业和劳动力的增长速度，意味着劳动生产率的提高。因此，GDP 增长率应该从短期（即是否带来足够的就业增长）和长期（是否给每个工人的产值带来

图 1.2

1992—2020 年全球劳动力、就业率和生产率的增长率

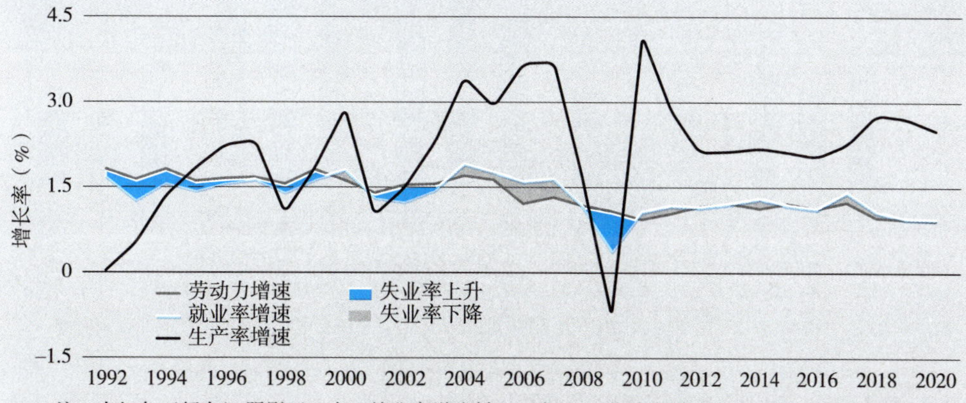

注：在红色（绿色）阴影区，由于就业率增速低于（超过）劳动力增速，失业率上升（下降）。生产率增长按每个工人的 GDP 计算，并使用购买力平价汇率进行汇总。此处和之后报告中关于 2018 年以后的数据为预测数据。

资料来源：国际劳工组织模拟估算，2018 年 11 月。

可观的增长）的角度来考量。

2011—2018 年全球经济年均增长率为 3.6%[①]，低于 2001—2010 年年均 3.9% 的增长率，但高于 1992—2000 年年均 3.3% 的增长率（IMF，2008a）。预计在未来几年，全球经济的年均增长率将保持在 3.6% 左右。因此，与 21 世纪头 10 年相比，世界经济已经走上了缓慢增长的道路。然而，就业率增长迅速，其速度足以跟上劳动力的增速，2001—2010 年和 2011—2018 年的生产率年均增速都在 2.3% 左右。此外，预计 2019—2021 年的生产率增长将达到 2010 年以来的新高，超过 1992—2018 年年均 2.1% 的水平。这意味着一旦将劳动力增长纳入 GDP 核算，目前 GDP 的增速将与 2001—2010 年的平均水平相一致。

生产率的增速差距悬殊

表面上稳定乐观的全球经济形势掩盖了不同收入水平的国家（见图 1.3）和各区域（见第 2 章）的巨大差异，预计低收入国家和中低收入国家的 GDP 增长率最高。然而，预计 2018—2020 年低收入国家的就业情况将大幅改善，这些国家的生产率增速仍可能相当低，平均每年增长 2.3%，而中等收入国家则为 4.2%。这表明，在提高国民生活水平和减少贫困发生率方面，低收入国家非但没有赶上高收入国家的脚步，而且还大幅落后，这对实现可持续发展目标也有很大的影响，我们将在第 3 章进行讨论。预计在未来几年，中高收入和高收入国家的经济增长将几乎完全由生产率增长而非就业增长推动。

经济增长带来的影响常因各国收入水平的不同而存在很大差异。在低收入国家和中等收入国家，增加收入主要有助于帮助人们摆脱贫困，但随着工人从自给自足

图 1.3

1998—2020 年全球和不同收入水平国家的 GDP 及其两个组成部分（劳动生产率和就业率）的平均增长率

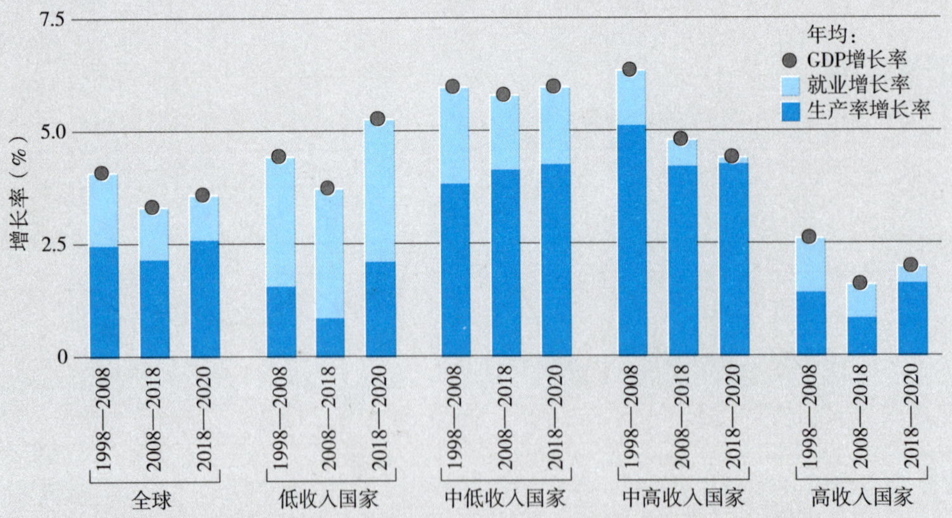

注：GDP 的增长分为两个部分：就业增长和生产率增长（每个工人的产出）。各国的 GDP 和生产率的增长率通过购买力平价汇率进行汇总计算。

资料来源：IMF，2008a；国际劳工组织模拟估算，2018 年 11 月。

① 本报告中所有的增长率均按照购买力平价汇率而非市场汇率计算。

的生产转向现代化的市场活动时，他们可以选择改善自己的工作环境。在中高收入和高收入国家，经济增长常常会创造或减少就业机会，从而影响失业率。

本章接下来将首先讨论全球劳动力市场的趋势，重点分析不同人口群体之间的重要差异；然后，通过分析工作环境和收入趋势，将讨论重点转移到就业；接着讨论失业以及劳动力长期利用不足的程度；最后将探讨劳动力市场的发展与社会动荡之间的关系。

劳动力参与

全球适龄劳动人口中约有 61% 参与劳动力市场（见表 1.1），他们大多已找到工作或正在找工作。在过去的 25 年里，这一参与率平均每年下降 0.1—0.2 个百分点，其中降幅最大的情况出现在 2008 年全球金融危机之后。不同收入水平国家的参与率各不相同，2018 年这一参与率从中低收入国家的 56% 到低收入国家的 71% 不等。预计 2018—2023 年所有收入水平国家的劳动参与率都将有所下降，其中降幅最大的是中高收入国家（下降 2 个百分点）和高收入国家（下降 1 个百分点）。然而，这些数字无法体现出女性和青年劳动参与率的巨大差距。

劳动参与率的性别差距缩减缓慢

2018 年，全球劳动参与率的性别差距达到 27 个百分点，只有不到一半的适龄劳动妇女（48%）参与了劳动力市场，有约四分之三的男性劳动力（75%）参与了劳动力市场。尽管如此，这一性别差距在过去 25 年间一直在缩小，其主要原因是 1993—2003 年女性劳动参与率下降幅度远低于男性。在低收入、中低收入和中高收入国家，男性劳动参与率水平大致相同，2018 年的参与率从 75% 到 79% 不等。相比之下，2018 年低收入国家的女性劳动参与率最高（64%），中低收入国家的最低（35%）。低收入国家的女性劳动参与率如此之高主要是因为这些国家的妇女需要通过从事经济活动来维持生计。

另一方面，在高收入国家，劳动参与率的性别差距正在迅速缩小。从 1993 年到 2018 年，女性劳动参与率上升了 3.5 个百分点，而同期男性劳动力参与率下降了约 3.5 个百分点。到 2018 年，这一差距在高收入国家已经缩小到 15 个百分点，预计在未来五年内还会进一步缩小。

劳动力市场中的性别差距是由许多相互关联的因素造成的，包括社会规范、性别角色和社会经济约束，这些因素往往深深扎根于社会之中。因此，即使有强烈的政治意愿，解决这些问题也需要花费很长时间。一份由盖洛普和国际劳工组织撰写的报告（2017）概述了世界各地关于女性在劳动力市场中的作用的各种观点和态度，而最近国际劳工组织的两份报告（ILO，2016，2017b）都详细讨论了相关的潜在因素以及缩小这种性别差距的措施。

青年劳动参与率随入学率的升高而下降

1993—2018 年全球 15—24 岁青年的劳动参与率下降了 15 个百分点，达到 42%。这一趋势主要归因于青年的入学率上升。在全球范围内，中等教育毛入学率从 1993 年的 55% 上升至 2017 年的 77%；同期，在高等教育领域，毛入学率从 14% 上升到 38%（UIS，2018）。

表 1.1

2018 年全球和不同收入水平国家的劳动参与率及其在 1993—2023 年间的变化

国家组别	人口群体	水平（%）2018 年	五年期间的变化（百分点）					
			1993—1998 年	1998—2003 年	2003—2008 年	2008—2013 年	2013—2018 年	2018—2023 年
全球	**总计**	**61.4**	**-0.5**	**-0.9**	**-0.9**	**-1.1**	**-0.5**	**-1.1**
	女性	47.9	-0.1	-0.5	-1.0	-1.2	-0.3	-1.1
	男性	74.9	-0.9	-1.3	-0.9	-1.0	-0.8	-1.0
	青年	42.1	-3.3	-3.1	-2.6	-3.7	-2.2	-1.3
	成人	66.6	0.2	-0.2	-0.6	-0.8	-0.5	-1.2
低收入国家	**总计**	**71.3**	**-0.3**	**-0.2**	**-1.1**	**-1.2**	**-0.1**	**-0.2**
	女性	64.1	-0.1	0.2	-1.1	-1.2	0.4	-0.3
	男性	78.7	-0.5	-0.6	-1.0	-1.3	-0.7	-0.2
	青年	56.6	-1.1	-0.9	-1.7	-1.6	-1.0	-0.6
	成人	79.0	0.2	0.4	-0.8	-1.1	0.2	-0.3
中低收入国家	**总计**	**56.5**	**-0.3**	**-0.4**	**-1.1**	**-1.5**	**-0.3**	**-0.4**
	女性	35.5	0.1	-0.1	-1.1	-1.9	0.4	-0.3
	男性	77.1	-0.7	-0.6	-1.1	-1.2	-1.0	-0.5
	青年	35.9	-1.2	-1.4	-3.4	-4.3	-2.4	-1.2
	成人	63.7	0.0	0.0	-0.5	-1.0	-0.1	-0.6
中高收入国家	**总计**	**64.8**	**-1.1**	**-1.9**	**-1.6**	**-1.0**	**-1.1**	**-2.0**
	女性	54.6	-0.8	-1.5	-1.7	-1.0	-1.2	-2.2
	男性	75.0	-1.4	-2.3	-1.4	-0.9	-1.0	-1.9
	青年	44.2	-5.6	-6.0	-2.7	-3.9	-3.5	-2.3
	成人	68.9	0.0	-0.7	-1.3	-1.1	-1.4	-2.3
高收入国家	**总计**	**60.5**	**0.1**	**-0.1**	**0.5**	**-0.5**	**0.2**	**-1.0**
	女性	52.7	1.1	0.7	1.0	0.1	0.6	-0.8
	男性	68.4	-0.9	-1.1	-0.1	-1.2	-0.3	-1.3
	青年	45.1	-1.6	-1.9	-0.7	-2.6	0.4	-1.5
	成人	63.0	0.4	0.1	0.6	-0.3	-0.1	-1.1

注：“青年”指年龄为 15—24 岁的人，“成人”指年龄为 25 岁及以上的人。

资料来源：国际劳工组织模拟估算，2018 年 11 月。

2018 年，低收入国家的青年劳动参与率最高，达到 57%，中低收入国家最低（36%）。在中高收入国家，青年劳动参与率自 1993 年以来下降了 20 多个百分点，2018 年达到 44%，与高收入国家（45%）持平。然而，中高收入国家的高等教育毛入学率（2017 年为 52%）仍明显低于高等收入国家（2017 年为 77%）（同上）。此外，在中低收入国家，高等教育的毛入学率在 2017 年仅为 24%（同上）。显然，入学率对不同收入水平国家的青年劳动参与率变化的影响有限。

劳动参与率的下降带来了新的挑战

使劳动参与率下降的一些因素对受益人而言是积极的，如入学率的提高、退休人口的增加和预期寿命的延长。然而，劳动力的增长也给工作安排和资源分配带来新的挑战（ILO，2008a，第 4 章）。首先，现有的养老金体系难以帮助老年人摆脱贫困；其次，抚养率的不断上升增加了包括诸如医疗卫生部门在内的特定行业的劳动力需求，加快了经济结构转型；最后，劳动力的日益老龄化对劳动者适应创新和劳动力市场结构变化的能力提出了挑战。

就业人口比率

劳动参与率的变化、劳动力增长和就业增长都对适龄劳动人口的就业比例，即就业人口比率（EPR）产生重要影响。不同收入水平国家和人群之间就业人口比率的差异反映出劳动参与率的差异，在某种程度上也反映了失业率的差异。

2018 年全球有 58.4% 的适龄劳动人口就业，低于 1993 年的 62.2%（见表 1.2）。2018 年就业人口比率中的性别差距为 26 个百分点，这意味着男性就业的可能性是女性的 0.5 倍以上。其中，低收入国家的就业人口比率最高，超过 68%，而中低收入国家的就业人口比率低于 54%，这主要是因为这些国家只有三分之一的女性有工作。在未来，由于劳动参与率的下降，预计所有收入水平国家和所有人群的就业人口比率都将小幅下降。

从表 1.2 中可以看出，在所有收入水平国家中，大多数适龄劳动人口都处于就业状态。以下各节将详细阐述各种主要的工作类型，并重点评估与人类福祉相关的就业质量的各项指标。

就业的非正规性及其地位

非正规就业是全世界大多数劳动者面临的现实。2016 年，全球约有 20 亿劳动者（占全球劳动力的 61%）在法律或实践中未涵盖或未充分涵盖的经济活动领域就业（ILO，2008a）。值得注意的是，非正规就业的劳动者比正规就业的劳动者更有

表 1.2

1993 年、2018 年和 2020 年全球和不同收入水平国家的就业人口比率

国家组别	总计（%）			女性（%）			男性（%）			青年（%）		
	1993 年	2018 年	2020 年	1993 年	2018 年	2020 年	1993 年	2018 年	2020 年	1993 年	2018 年	2020 年
全球	**62.2**	**58.4**	**58.0**	**48.5**	**45.3**	**44.9**	**76.0**	**71.4**	**71.1**	**51.7**	**37.1**	**36.6**
低收入国家	71.3	68.7	68.6	63.5	61.7	61.6	79.4	75.9	75.8	58.8	53.1	52.9
中低收入国家	57.9	54.3	54.1	36.4	33.7	33.5	78.8	74.5	74.3	44.2	31.6	31.0
中高收入国家	68.2	60.9	60.2	58.2	51.3	50.5	78.2	70.5	69.9	60.7	37.6	36.8
高收入国家	55.6	57.3	57.1	44.9	49.8	49.6	66.8	65.0	64.7	43.4	39.8	39.4

注：就业人口比率是指目前就业人数与适龄劳动人口的比例。

资料来源：国际劳工组织模拟估算，2018 年 11 月。

可能面临贫困问题（同上）。然而，贫困与就业岗位是否正规之间无必然的联系。

全球非正规就业的男性劳动力的比例（63%）高于女性（58%）（见表1.3）。然而，在中低收入国家，女性劳动者更有可能从事非正规工作。相比之下，在中高收入国家和高收入国家，男性劳动者更有可能从事非正规工作。

工薪就业比自主创业更加正规化

非正规性在自营劳动者中尤为常见，其中有85%的人口从事这类非正规职业（ILO，2008a）。从事非正规自营工作以及非正规雇主企业的工人和经济单位往往得不到法律的认可和保护。此外，它们往往难以履行财政义务，且在签订商业合同、获得财政补助、争取市场份额或资产方面都面临严重的困难。至于工薪就业者，这类人中有40%从事非正规工作，这意味着他们的雇佣关系在法律或实践中不受保护，也不是国家劳动立法、所得税、社会保障或其他就业福利的对象。最后，所有从事家务劳动的劳动者从定义上来说都属于非正规就业。因此，与自营劳动者相同，他们很容易同时受到非正规性造成的经济和社会不利因素的影响。

随各国的发展，工薪就业人数增加

2018年，全世界一半以上的劳动者（包括正规和非正规就业）都是工薪雇员，

表1.3

2016年、2018年以及2018—2023年全球和不同收入水平国家非正规就业状况及变化

国家组别	性别	非正规性	工薪劳动者		雇主		自营劳动者		无报酬家庭帮工	
		水平（%）	水平（%）	变化（百分点）	水平（%）	变化（百分点）	水平（%）	变化（百分点）	水平（%）	变化（百分点）
		2016年	2018年	2018—2023年	2018年	2018—2023年	2018年	2018—2023年	2018年	2018—2023年
全球	总计	**61.2**	**52.0**	**0.6**	**2.9**	**0.1**	**34.1**	**0.4**	**10.9**	**-1.0**
	女性	58.1	52.5	0.5	1.7	0.1	27.8	0.8	18.1	-1.4
	男性	63.0	51.7	0.6	3.8	0.0	38.2	0.1	6.4	-0.8
低收入国家	总计	**89.8**	**18.8**	**0.9**	**1.6**	**0.0**	**50.9**	**0.1**	**28.6**	**-1.0**
	女性	92.1	11.9	0.6	0.8	0.0	44.5	0.6	42.8	-1.2
	男性	87.5	24.5	1.1	2.3	0.0	56.4	-0.4	16.8	-0.7
中低收入国家	总计	**83.7**	**34.5**	**1.9**	**2.7**	**0.1**	**49.5**	**0.1**	**13.3**	**-2.1**
	女性	84.5	31.6	2.1	1.4	0.1	42.0	1.1	25.0	-3.3
	男性	83.4	35.8	1.8	3.3	0.1	52.8	-0.4	8.2	-1.5
中高收入国家	总计	**52.6**	**59.2**	**1.8**	**3.3**	**0.1**	**28.3**	**-0.6**	**9.2**	**-1.3**
	女性	50.4	58.4	2.2	1.9	0.1	24.4	-0.3	15.2	-2.0
	男性	54.0	59.8	1.5	4.4	0.1	31.1	-0.9	4.8	-0.7
高收入国家	总计	**18.3**	**87.2**	**0.2**	**3.3**	**0.0**	**8.6**	**-0.1**	**0.9**	**-0.1**
	女性	17.6	89.7	0.2	2.0	0.0	6.7	0.0	1.5	-0.2
	男性	18.9	85.2	0.2	4.3	-0.1	10.0	-0.1	0.5	-0.1

资料来源：国际劳工组织模拟估算，2018年11月；ILO，2018a。

且男女比例较为接近（见表 1.3）。预计在未来五年，工薪雇员的比例将增加约 0.5 个百分点。然而，这类劳动者的性别比例掩盖了不同收入水平国家之间的巨大差异。首先，这一类雇员的比例越高，国家的收入水平就越高：在低收入国家，这一比例平均为 19%，而高收入国家则为 87%。其次，在低收入国家，男性更有可能从事工薪工作；而高收入国家的情况恰恰与此相反。预计中等收入国家的工薪就业比例增加幅度将最大。值得注意的是，在中高收入国家，预计在未来五年女性在这一群体中所占的比例的增幅将比男性更大，其中女性和男性预计将分别增加 2.2 个百分点和 1.5 个百分点。

女性雇主的人数较少

2018 年，雇主在总就业人口中所占的比例相对较低，在全球以及中等和高收入国家，这一比例约为 3%，而在低收入国家，这一比例仅为 1.6%，因为很多人在有组织的就业之外的其他领域活动以维持生计。在全球和所有收入水平国家，雇主之间的性别差距很大，女性雇主的数量大约只有男性雇主数量的一半。

自营劳动者数量增加，尤其是女性

2018 年，自营劳动者占全球就业人数的三分之一以上。在低收入国家和中低收入国家（均约为 50%），这一比例远高于中高收入国家（28%）和高收入国家（9%）。在所有收入水平国家中，男性更有可能成为自营劳动者。然而，从全球的情况来看，这一性别差距在 2018 年超过了 10 个百分点。预计未来五年内，女性所占比例将增加近 1 个百分点，而男性的占比将基本保持不变。

在低收入国家，从事家务劳动的妇女仍然很多

无论是在全球范围还是在不同收入水平国家中，女性从事家务劳动的可能性大约是男性的三倍。造成这种不均衡的原因之一是，在许多国家，在财产权界定时偏向于将土地所有权划给男性，而女性则更倾向于从事家务劳动（Doss 等，2015）。随着收入水平的提高，从事家务劳动的人群的比例呈下降趋势：2018 年，低收入国家的这一比例约为 30%，而高收入国家不到 1%。预计在今后五年中，这一比例将进一步下降，在全球范围内将下降约 1 个百分点。其中，中等收入国家和女性人群的下降幅度最大。

虽然情况有所改善，但全球大部分劳动力的工作条件仍然不能令人满意。在全球范围内，估计有 15 亿人是自营劳动者和无报酬家庭帮工，他们很容易受到非正规性问题的影响。此外，低收入国家的发展极为缓慢，无法使这两个弱势群体的数量大幅减少：预计到 2023 年，这些国家将仍有多达 80% 的劳动者是自营劳动者和无报酬家庭帮工。

结构转型与工作质量

正如 2018 年的报告（ILO，2018a）所指出的，各部门的工作环境可能存在很大差异。由于工作环境的演变与不断变化的经济结构密切相关，因此在评价结构转型的过程时，应将就业份额、劳动力市场状况（如工作条件和就业安排情况）等指标结合起来。

图 1.4

1991 年和 2018 年全球及不同收入水平国家各部门的就业情况分布

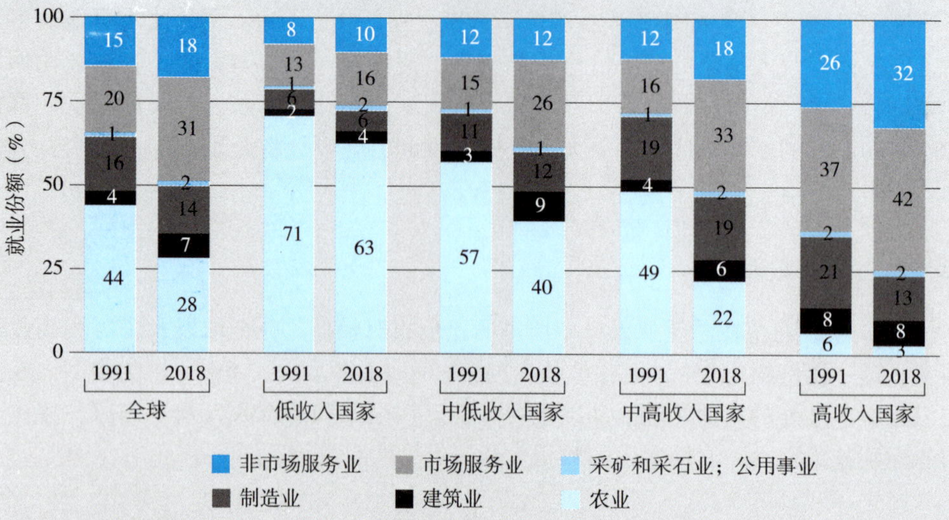

注：总体经济活动类别载于 ILOSTAT 数据库的文件中（https：/www. ilo. org/ilostat – files/documents/Description_ECO_EN. pdf）。

资料来源：国际劳工组织模拟估算，2018 年 11 月。

市场服务业是就业增长的主要推动力

在不同收入水平的国家，农业人口在总就业人口中所占比例都在下降（见图 1.4）。从全球看来，这一比例已从 1991 年的 44% 降至 2018 年的 28%，其中中等收入国家的下降幅度最大。在低收入国家，2018 年仍有 63% 的劳动者在农业部门就业，自 1991 年以来仅下降了 8 个百分点。在全球范围内，制造业所占份额正在下降，这一趋势主要是由高收入国家制造业份额下降所推动的。其中，可观察到明显扩张的部门有建筑业、非市场服务业和市场服务业（这是最主要的）。从全球看来，2018 年服务业就业人数已接近就业总人数的一半，且预计这一比例将持续上升。

单靠产业结构转型无法使工作环境得到广泛改善

农业的特点是在小块土地上种植，产量较低（Banerjee 和 Duflo，2007a）。若有机会改善工作环境，并且正在扩张的部门能够提供高质量的就业机会，那么劳动人口便会从自给自足的农业转向其他行业。值得注意的是，农业部门的非正式就业人口比例超过 93%（ILO，2008a），远远高于其他部门。除了依靠产业结构转型来改善就业，还应提高农业生产力，如提升农业人口的劳动技能、发展农业价值链等。为实现这一目标，国际劳工组织正在积极支持农业部门创造更好的工作机会。

在新兴的市场服务部门，工作环境方面也存在许多问题。例如，街头小贩在工作时间、收入及工作状况方面都无法得到很好的保障。“零工经济”（即劳动者被归类为个体工作者，并通过互联网平台在市场上提供服务）的出现对过去传统上提供这种条件的部门和职业的体面工作条件提出了进一步的挑战（ILO，2008e）。在不断变化的全球工作形势下，改善工作条件、提供社会保障以及确保基本原则和权利将需要各国政府、雇主和劳动者的共同努力。

收入

收入公平是体面工作的一项重要内容。工资只是工作收入的来源之一。例如，个体工作者不领取工资，他们的收入来自他们在活动中获得的利润。最终，劳动者收入总额决定了其家庭是否能过上体面的生活。本节首先讨论工作无法使人摆脱贫困的问题，即使就业也无法使劳动者摆脱贫困常发生在低收入的工人身上。然后，主要通过研究工资和劳动者的平均收入变化趋势来分析实际工资的增长。

全球约有7亿劳动者生活在极度或中等贫困中

2018年，中等收入和低收入国家有近7亿劳动者生活在极度或中等贫困（即按购买力平价计算，每天收入不足3.20美元）中（见表1.4）。这意味着这些国家有四分之一的就业人口仍然生活在贫困中。自1993年以来，这一状态虽得到了有效的改善，但仍有三分之二的劳动者（总13亿人）依然生活在极度或中等贫困之中。在今后几年，这一状态将得到进一步改善，预计到2023年，极度和中等贫困的就业人数将再减少5500万人。但是，其下降速度正在逐渐减缓，主要原因是中高收入国家的低收入劳动者所占比例很难进一步下降。

中国对于工作贫困下降的贡献巨大

中等收入国家的工作贫困率正在迅速下降。1993—2018年中高收入国家的极度和中等工作贫困率每年下降2个百分点以上。但是，这种下降趋势不能长期持续下去，因为到2018年这一比例已降至5.3%。自1993年以来，中国经济持续高速增长，这大大减少了低收入和中等收入国家工作人口的贫困率和总人数。同期，在撒哈拉以南地区，尽管其工作贫困率在下降，但绝对贫困劳动者的人数却在增加（见图1.5）。到2018年，中低收入国家中处于极度和中等贫困的劳动者数量（4.32亿人）仍然是最多的，但预计到2023年将减少5400万人：到那时，这些国家将约有三分之一的劳动者尚未摆脱贫困。

工作贫困在低收入国家普遍存在。2018年，这些国家仍有近40%的劳动者（1.16亿人）生活在极度贫困之中，另有27.5%（8100万人）生活在中等贫困中。虽然这些国家的工作贫困率总体上正在下降，但极度和中等贫困劳动者的绝对人数预计到2023年将增加1500万人，因为创造报酬较好的体面的就业机会的速度跟不上求职者人数的快速增长。这意味着除非政策发生变化，否则绝大多数低收入国家都难以实现可持续发展目标1(“在全世界消除一切形式的贫困”)。

年轻劳动者更可能遭遇贫困

2018年，在低收入和中等收入国家，有10.5%的就业女性仍生活在极度贫困之中，而男性的这一比例为9.4%；相反，生活于中等贫困中的男性就业者比例（17.1%）高于女性（14.1%）。此外，青年（15—24岁）的工作贫困问题更为严重，超过三分之一的年轻劳动者生活在极度或中等贫困之中，这一比例比成年劳动者高得多。然而，在解释不同人群之间的差异时，需要考虑更多的因素，因为贫困

表 1.4

1993 年、2018 年和 2023 年按国家收入和人口群体划分的工作贫困情况

国家组别	人口群体	极度工作贫困 (%)			极度工作贫困 (百万人)			中等工作贫困 (%)			中等工作贫困 (百万人)		
		1993 年	2018 年	2023 年	1993 年	2018 年	2023 年	1993 年	2018 年	2023 年	1993 年	2018 年	2023 年
低收入和中等收入国家	**总计**	**41.7**	**9.8**	**8.6**	**778.2**	**264.8**	**244.0**	**26.0**	**16.0**	**14.0**	**485.8**	**429.7**	**395.8**
	女性	44.5	10.5	9.6	319.0	106.5	101.9	24.6	14.1	12.6	176.5	142.7	133.8
	男性	39.9	9.4	8.0	459.2	158.3	142.1	26.9	17.1	14.8	309.3	287.0	262.0
	青年	45.0	15.7	14.5	205.9	59.8	55.2	28.0	20.6	18.9	128.3	78.6	71.8
低收入国家	**总计**	**61.4**	**39.2**	**35.2**	**91.2**	**115.8**	**120.9**	**21.6**	**27.5**	**26.6**	**32.1**	**81.3**	**91.4**
	女性	63.9	40.4	36.3	43.2	54.4	56.5	21.3	27.7	27.0	14.4	37.3	42.2
	男性	59.2	38.2	34.4	47.9	61.4	64.3	21.8	27.4	26.3	17.7	44.1	49.3
	青年	63.0	41.4	37.6	27.0	32.7	33.5	22.1	28.8	28.1	9.5	22.7	25.0
中低收入国家	**总计**	**40.4**	**12.1**	**9.3**	**288.6**	**138.3**	**114.8**	**32.0**	**25.7**	**21.3**	**229.0**	**293.6**	**262.8**
	女性	43.3	13.5	11.0	96.3	47.4	41.7	29.4	23.8	19.9	65.3	83.3	75.1
	男性	39.1	11.5	8.5	192.3	90.9	73.1	33.2	26.6	21.9	163.7	210.3	187.7
	青年	43.0	15.0	12.1	73.3	25.7	20.8	34.2	28.9	24.9	58.3	49.6	42.5
中高收入国家	**总计**	**39.7**	**0.9**	**0.7**	**398.4**	**10.8**	**8.3**	**22.4**	**4.4**	**3.3**	**224.7**	**54.8**	**41.6**
	女性	42.0	0.9	0.7	179.5	4.7	3.7	22.6	4.2	3.2	96.7	22.1	16.6
	男性	38.0	0.8	0.6	218.9	6.0	4.6	22.2	4.5	3.4	128.0	32.7	25.0
	青年	43.1	1.1	0.8	105.6	1.4	1.0	24.7	4.8	3.6	60.5	6.3	4.3

注：中等和极度工作贫困率分别指，按购买力平价计算，生活在每日人均收入或消费介于 1.90 美元和 3.10 美元之间，以及低于 1.90 美元的家庭的劳动者的比例。“青年”是指年龄为 15—24 岁的人。

资料来源：国际劳工组织模拟估算，2018 年 11 月。

图 1.5

1993—2018 年极度和中度工作贫困率的变化情况

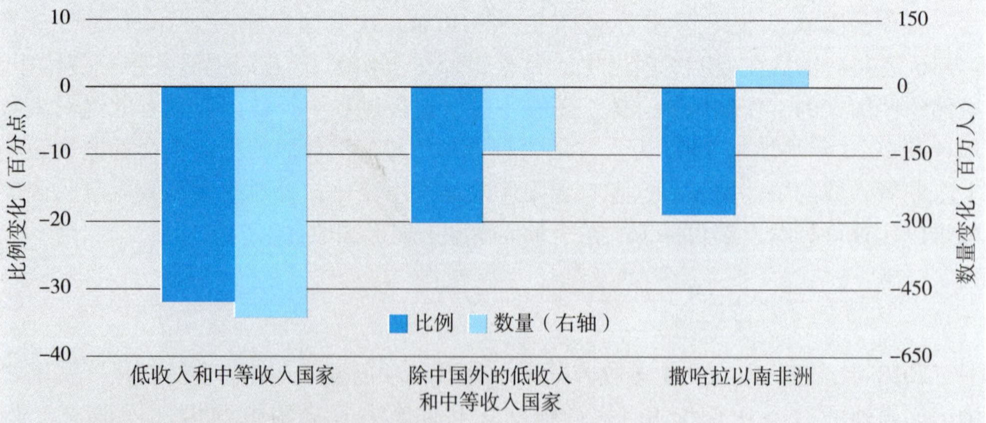

资料来源：国际劳工组织模拟估算，2018 年 11 月。

是衡量家庭生活状况的标准，而一个家庭中通常有来自不同人口群体的个体，他们中有些人有工作，或者全部都有工作。当一个家庭陷入贫困时，青年会更倾向于选

择工作而非继续接受教育。

2017 年实际工资的平均增速放缓

全世界有 17 亿劳动者的主要收入来源是工资。因此，任何实际工资（即按通货膨胀调整后的工资）的变化都会对全球一半以上劳动力的收入产生重大影响。《2018/2019 年全球工资报告》（ILO，2018f）发现，2017 年全球实际工资增长率降至 2008 年以来的最低水平，从 2016 年的 2.4% 降至 2017 年的 1.8%。①

在高收入国家，尽管最近公布的数据表明一些国家的名义工资增长率可能正在上升，但 2017 年的总体趋势和 2018 年的初步数据都显示出实际工资增速放缓的迹象。平均而言，在 52 个高收入国家中，实际工资增长率从 2016 年的 1.2% 降至 2017 年的 0.8%（见图 1.6），这可能主要是因为法国和德国的工资增长率较低，而且意大利、日本和西班牙的实际工资下降。在澳大利亚、加拿大、英国和美国，2017 年的实际工资增长率也低于 1%。

近年来，低收入和中等收入国家的实际工资增长率波动，从 2015 年的 2.5% 上升到 2016 年的 4.2%，在 2017 年又降至 3.3%（同上）。2006—2017 年亚洲和太平洋地区的实际工资增长率在所有区域中是最高的，然而，该地区 2017 年的实际工资增长率（3.2%）低于 2016 年的水平（4.8%）。中亚和西亚地区的实际工资增长率也有所下降，从 2016 年的 3.0% 降至 2017 年的 0.4%。在拉丁美洲和加勒比地区，2017 年的实际工资增长率比 2016 年略有增加，但仍然较低（不到 1%）。为编制《2018/2019 年全球工资报告》，我们首次从许多非洲国家收集了工资数据，并发现 2017 年非洲的实际工资总体下降了约 3%，这主要是由于埃及和尼日利亚这两个大国的实际工资水平的变化所导致。若将这两个国家排除在外，2017 年非洲的实际工资水平将略有提高，增幅为 1.3%（ILO，2008f）。

从长期来看，我们注意到，1999—2017 年低收入和中等收入国家的实际工资几

图 1.6

2000—2017 年全球以及不同收入水平国家的实际工资增长情况

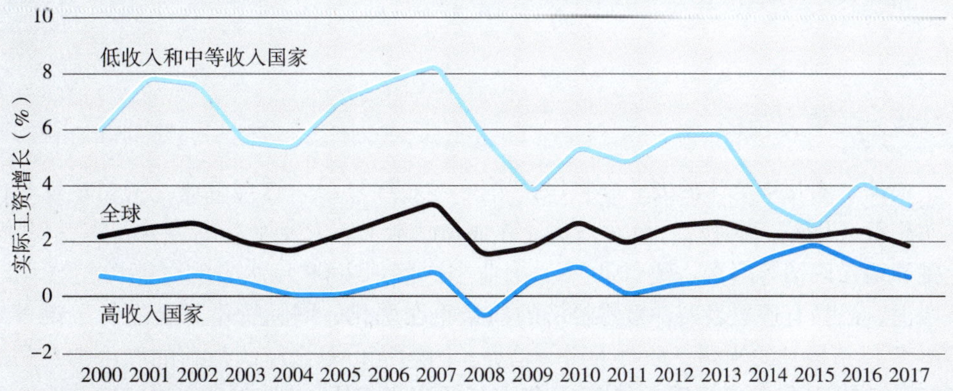

资料来源：国际劳工组织基于 ILOSTAT 数据库和全球工资数据库记录的 84 个低收入和中等收入国家以及 52 个高收入国家的官方数据的估算。

① 在《2018/2019 年全球工资报告》（ILO，2008f）中，实际工资增长按加权平均数计算，使用的是月工资总额，而不是每小时工资率。对全球实际工资增长率估计是根据来自 136 个国家的数据得出的。

乎增长了两倍，而高收入国家的实际工资的增幅则要低得多，只有 9.0%（同上）。然而，在许多低收入和中等收入国家，平均工资水平仍然很低，不足以满足劳动者及其家庭正常的生活需要，导致工作贫困。

失业

虽然所从事的工作质量参差不齐，但全球大多数劳动力都处于就业状态；然而，同时也存在着许多非自愿失业。据估计，2018 年全球失业率为 5%，再次降至 2008 年的水平，低于 2000 年以来 5.4% 的平均失业率（见图 1.7）。但值得注意的是，全球失业率从 2008 年的 5% 猛增至 2009 年的 5.6%，而恢复到 2008 年的水平却整整耗费了九年时间。

图 1.7

2000—2020 年全球失业率

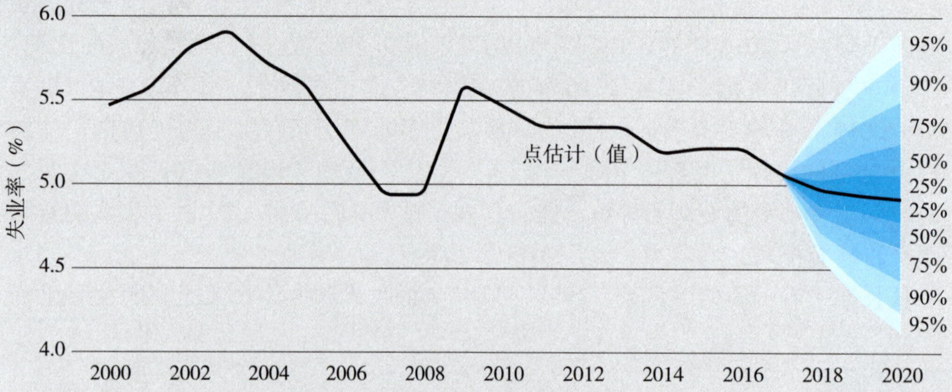

注：阴影区域代表 2018—2020 年失业率预测值的置信区间。实际失业率在标记为 × % 的阴影区域范围内的概率为 × %。

资料来源：国际劳工组织模拟估算，2018 年 11 月。

全球失业率难以预测

预计未来几年全球的失业率将保持不变（见图 1.7），这与全球经济稳定增长的预期相符（IMF，2008a）。然而，要合理地预测未来的失业率并不容易，涉及经济、金融和地缘政治等因素。到 2020 年，失业率回落到 2009 年水平的可能性超过 5%。事实上，已经有迹象表明，世界经济的前景正在恶化，国际货币基金组织下调了对 2018 年经济增长的预测，证明了这一趋势。国际货币基金组织最新的经济增长预测（2018 年 10 月公布）表明，与 2018 年 4 月的预测相比，到 2020 年将新增 200 万失业人口（IMF，2008b）。2018 年，估计约有 1.72 亿人失业（见表 1.5）。随着劳动力的增加，这一数字预计在今后几年还将进一步增长。

表 1.5

2017—2020 年全球以及不同收入水平国家和人口群体的失业率和失业人数

国家组别	人口群体	失业率，2017—2020 年（%）				失业人口，2017—2020 年（百万人）			
		2017 年	2018 年	2019 年	2020 年	2017 年	2018 年	2019 年	2020 年
全球	**总计**	**5.1**	**5.0**	**4.9**	**4.9**	**174.1**	**172.5**	**173.6**	**174.3**
	女性	5.5	5.4	5.4	5.4	74.4	73.7	74.4	74.8
	男性	4.8	4.7	4.6	4.6	99.7	98.8	99.2	99.5
	青年	12.0	11.8	11.8	11.8	60.4	59.3	59.1	58.7
低收入国家	**总计**	**3.7**	**3.7**	**3.7**	**3.7**	**11.1**	**11.4**	**11.8**	**12.2**
	女性	3.8	3.8	3.8	3.8	5.2	5.4	5.5	5.7
	男性	3.6	3.6	3.6	3.6	5.9	6.1	6.3	6.5
	青年	6.2	6.2	6.2	6.2	5.2	5.3	5.4	5.6
中低收入国家	**总计**	**4.0**	**4.0**	**4.0**	**4.0**	**46.5**	**47.3**	**48.2**	**49.2**
	女性	5.1	5.1	5.2	5.2	18.6	19.0	19.4	19.8
	男性	3.5	3.5	3.5	3.5	27.9	28.3	28.8	29.3
	青年	11.9	12.0	12.1	12.2	23.3	23.4	23.5	23.7
中高收入国家	**总计**	**6.0**	**6.0**	**6.0**	**6.0**	**80.9**	**80.7**	**81.2**	**80.8**
	女性	6.0	6.0	6.0	6.0	34.0	33.9	34.2	34.0
	男性	6.0	6.0	6.0	6.0	46.9	46.8	47.0	46.8
	青年	14.9	14.9	14.9	14.8	23.5	22.9	22.5	21.8
高收入国家	**总计**	**5.7**	**5.3**	**5.1**	**5.1**	**35.6**	**33.1**	**32.3**	**32.2**
	女性	6.0	5.6	5.5	5.5	16.6	15.5	15.3	15.3
	男性	5.4	5.0	4.8	4.8	19.0	17.6	17.1	16.9
	青少年	12.5	11.7	11.6	11.7	8.5	7.8	7.7	7.6

注："青年"是指年龄为 15—24 岁的人。
资料来源：国际劳工组织模拟估算，2018 年 11 月。

失业对不同收入水平国家的挑战不同

对很大一部分劳动者来说，贫困意味着不能失业，即使是在没有体面工作的情况下，因为"社会保障网"的缺失使得从事任何经济活动对于维持生计而言都至关重要（见专栏 1.1）。因此，低收入国家的失业率最低，平均为 3.3%，其次是中低收入国家（4%）。2014—2018 年中高收入国家的失业率上升了 0.4 个百分点，导致全球失业人口增加了 700 万人。目前，一些主要新兴国家的宏观经济前景并不明朗（IMF，2008a）。这表明，中高收入国家（这些新兴国家属于中高收入国家）的平均失业率在未来几年内不太可能会下降。失业率是衡量高收入国家劳动力市场运行状况最重要的指标。在这些国家，失业会大大增加贫困的发生率。① 从好的方面来看，自 2008 年金融危机以来，高收入国家的经济经历了明显的复苏。这些国家的失业率从 2010 年的 8.2% 降至 2018 年的 5.3%，达到近 30 年来的最低水平。

① 2016 年，在欧盟，几乎一半的失业者面临着贫困的风险：因此，在这方面失业的人面临贫困的概率比就业的人高出五倍（Eurostat，2018）。

专栏 1.1

为什么低收入和中等收入国家的失业率如此之低？

许多低收入和中等收入国家的失业率非常低，如缅甸（2017 年为 1.6%）和马达加斯加（2014 年为 1.8%），而全球失业率为 5.0%。这并不意味着这些国家的劳动力市场运作良好。我们还需要考虑两个重要的方面。

首先，正规化的就业无法满足这些国家迅速增长的劳动力的需求。实际上，每个人都希望有一份体面的高薪工作，但当无法找到这样的工作时，大多数低收入和中等收入国家的人都会选择工资较低或技能水平较低的工作（Fields，2011）。对于穷人来说，在没有失业保险或社会保障制度的情况下，不能让自己失业，而且他们中的绝大多数人继续依赖农业或城市非正规化经济活动创造的就业机会来维持生计（Banerjee 和 Duflo，2007）。这也表明了降低失业率和关注就业质量的重要性。

其次，国际劳工组织对失业的定义非常严格，一个人在参考周内只要工作至少一小时，就被认为处于就业状态。关于与时间相关的就业不足的更多信息提供了一个更全面的、关于非全职就业的国家劳动力利用不足的情况。

失业是劳动者尤其是年轻劳动者面临的重大难题

尽管女性劳动市场参与率较低，但其失业率（5.4%）仍然高于男性（4.7%）。在中低收入国家，失业率的性别差距最大（2018 年为 1.6 个百分点）；相比之下，中高收入国家的失业率的性别差距基本为零。但是，青年（15—24 岁）比成年人更可能失业，其失业率为 11.8%。在低收入国家，青年的失业率相对较低；然而，在其他国家，青年的失业率远远高于总失业率。全球面临的一个重大挑战是，许多青年啃老，他们没有接受教育、就业或培训（NEET）。2018 年，全球 30% 的年轻女性和 13% 的年轻男性被归类为啃老族。由于总失业率具有稳定性，因此全球男性、女性和青年劳动者的就业前景也将会维持现状。这意味着，上述的性别差距和青年在劳动力市场面临着更大的挑战的这一现状在未来几年内都不会得到明显的改善。

潜在的劳动力市场动态至关重要

失业人口的组成并非一成不变，而是随着以前失业的人完成就业和以前就业的人失业而不断变化的。进入和退出劳动力市场的流动水平可能较低，也可能很高，即使是总体失业率相近的国家，其劳动力市场的动态也可能存在很大差异。在更具活力的劳动力市场，平均失业时间更短，工作匹配效率也更高，因为劳动者转移到生产率更高的工作岗位的可能性更大。另一方面，这些劳动力市场中的劳动者失业的风险也更高，因而失去收入来源的风险也更大。失业率变化的根本原因具有政策含义（见专栏 1.2）。

专栏 1.2

劳动力流动：除了失业率以外，为何劳动力流动如此重要？

失业率只反映了某一国家劳动力市场的部分动态。特别是，不能据此来追踪不同国家劳动力市场的人口流动情况。失业率上升可能是由于离职人数增加或就业人数减少（包括新雇用和重新雇用）所致。失业率也受到劳动力在就业和失业之间流动的影响（Shmer，2005 和 2012；Elsby、Michaels 和 Solon，2009）。准确判定导致失业的因素对于制定和执行有助于让更多失业者就业的政策至关重要，从而减少失业带来的社会成本。如果失业率上升的原因是能找到工作的人数减少，那么各国可以考虑完善关于找工作流程的政策，如投资于提高失业者技能的培训，或者通过向招聘新雇员的企业提供税收减免来增加就业机会。如果是更多人的离职而导致失业率上升，那么可以完善旨在阻止企业解雇劳动者的法规和措施（例如，德国在 2008 年全球金融危机后通过的有关短期工作的立法）。

图 1.8 显示了德国、意大利、日本和美国失业率的变化及劳动力的流动情况。在这四个国家中，全球金融危机都引发了失业率（如离职率）的剧增，但对就业的影响并不大。近年来，其中三个国家的失业率在离职率下降的推动下稳步下降，而求职率一直居高不下。相比之下，意大利从 2011 年起受到欧元区危机的严重影响，此后，其失业率的上升既受失业人数增加的影响，也受求职率下降的推动。

商业周期内的劳动力分配

从图 1.8 可以看出，德国、日本和美国的失业流入和流出率在过去几年里一直在减少。造成这一情况的部分原因可能是劳动力市场紧缩，从而导致失业人口的构成在失业期内发生变化。然而，在日本和美国，尽管

图 1.8

2000—2018 年德国、意大利、日本和美国的劳动力流动和失业率

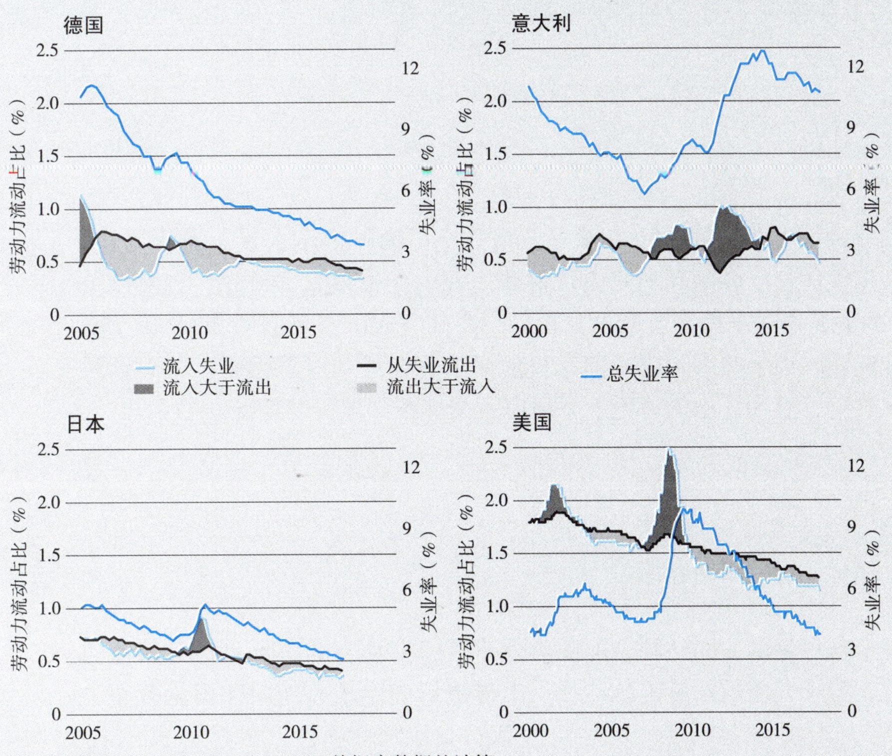

资料来源：劳工组织基于 ILOSTAT 数据库数据的计算。

失业率下降到金融危机前的水平，但最近几年失业的流入和流出率都低于 2008 年。这意味着劳动力市场的活力下降。通过劳动力市场的流动这一分配机制，劳动者可以寻找特定的工作。[1]实际上，只要“劳动力流失”[2]允许劳动者转移到生产率最高的工作岗位，那么劳动者能够多快找到一份新工作就可以被看作劳动力市场配置能力强弱和劳动力市场的运行状况的一个指标（Lazear 和 SPLetzer，2012）。值得注意的是，劳动力市场的另一种流动形式——从一个工作直接转到另一个工作的转变并没有被记录到失业流入和流出的统计数据中。这种转变在劳动力市场动态中所起的作用，可能比在劳动力市场紧缩、劳动者从一份工作转移到另一份工作而没有经历失业的情况下的解雇和聘用更重要。从理论上讲，劳动力市场更大的活力有可能改善工作岗位与劳动者之间的匹配，因为如果劳动者不愿意冒险跳槽，那么更佳的匹配情况就不太可能实现（Barlevy，2002）。

劳动力市场活力：一把双刃剑

在美国，离职和失业人口外流对劳动者的影响是德国或日本的三倍。德国和日本 2017 年的失业率与美国相近（约为 4%）。美国劳动力市场的流动性更大，虽然这有助于改善工作岗位与劳动者之间的匹配，但也意味着劳动者个体面临更大的收入风险——他们在职业生涯的某个阶段更有可能失业。在劳动力市场流动性较低的国家，失业的平均持续时间往往更长。在确定哪些政策措施最适合减轻失业负担时，我们必须考虑这些因素。

劳动力流动和工资

在经济繁荣时期，劳动力市场的流动性更大，劳动者更容易从失业和就业状态进入新的就业岗位。此外，在后一种情况下，他们通常都转向一份报酬更好的工作，这一现象有时被称为“工资阶梯攀升”（Faberman 和 Justiniano，2015；Karahan 等，2017；Hahn 等，2017）。另外，劳动力市场活力的下降与近年来发达经济体工资增长缓慢的情况相符。这一现象支持了这样一个结论：劳动者流向新的、报酬更高的工作岗位的速度已经放缓，而且是有限的。当就业率下降时（通常发生在危机期间），劳动者在其他公司或行业部门找到工作的机会减少，而工资增长缓慢可直接归因于缺乏新的、收入更高的工作机会。

1. 美国和德国的劳动力流动具有周期性（Burgess、Lane 和 Stevens，2000；Hacuwanger、Hyatt 和 McEntarfer，2015；Bachmann 等，2017）。

2. 劳动力流失是指劳动者流失和工作流失之间的差值，即雇用（离职）的数量超过了创造（或破坏）的工作岗位的数量（Burgess、Lane 和 Stevens，2000）。

总之，目前全球的失业率处于较低水平，预计今后两年内不会发生重大变化。然而，全球的数据无法显示各国和不同人口群体之间的巨大差异。首先，妇女以及（尤其是）青年的失业率高于总失业率；其次，一些高收入国家仍面临 2008 年金融危机遗留的失业问题，而一些中等收入国家目前面临着金融和经济困难。第 2 章对这些国家的情况进行了更为详细的讨论，并研究了全球不同地区的情况。

劳动力利用不足

虽然失业是全球讨论的共同话题，但除失业率外，劳动力利用不足还有其他的表现形式。因此，第十九次国际劳工统计会议 1 号决议确定了另外两项衡量劳动力利用不足的标准（ILO，2013）。[①] 第一项是“与时间有关的失业”，即劳动者的工作时间少于他们期望的工作时间，而且少于规定的时间（通常每周不少于 35 小时）。第二项是“潜在劳动力”，包括那些没有工作的人，他们要么在找工作但却不能上岗（不能上岗的求职者），要么可以上岗但却不找工作（可上岗的潜在求职者）。潜在劳动力不属于当前劳动力的一部分，但如果某些条件发生变化，他们可以融入劳动力的队伍，这就意味着这些人与劳动力市场的距离很小。这一指标称为“LU3”，它是潜在劳动力和失业人数之和与劳动力和潜在劳动力之和的比例。[②] 本节列出了对全球潜在劳动力和 LU3 比率的估计数，以便更全面地评估全球劳动力利用不足的程度。

女性劳动力长期利用不足的情况更为普遍

2018 年，全球潜在劳动力约 1.4 亿人，加上 1.72 亿失业者，未充分利用的劳动力人数为 3.12 亿，相应的 LU3 比率为 8.6%（见表 1.6）。不同人口群体之间的 LU3 比率差别很大，而且女性的 LU3 比率（11.0%）远远高于男性（7.1%）。相应地，女性的潜在劳动力人数（8400 万人）多于男性（5500 万人），这意味着如果使用 LU3 指标，尽管女性在劳动力市场的参与率要低得多，但未充分利用的女性劳动力总数略高于男性。此外，青年（15—24 岁）的 LU3 比率约为 20%。青年的潜在劳动力占全球的 35%，但工作总人数只占全球的 20%。这些现象表明，女性和青年面临着更大的脱离劳动力市场的风险。

中高收入国家的 LU3 比率最高，达到 9.4%；中低收入国家最低，为 8.0%。然而，在中低收入国家，LU3 比率的性别差距最大，其中女性的 LU3 比率为 12.8%，是男性的（5.7%）两倍多。对青年而言，低收入国家的 LU3 比率明显低于其他国家。

表 1.6

2018 年全球和不同收入水平国家的劳动力利用不足（基于 LU3 指标）和潜在劳动力

国家组别	基于 LU3 指标的劳动力利用不足率（%）				潜在劳动力（百万人）				基于 LU3 指标的利用不足的劳动力总数（百万人）			
	总计	女性	男性	青年	总计	女性	男性	青年	总计	女性	男性	青年
全球	**8.6**	**11.0**	**7.1**	**19.7**	**139.6**	**84.4**	**55.2**	**49.3**	**312.1**	**158.1**	**154.0**	**108.7**
低收入国家	8.4	10.2	6.8	13.7	16.0	10.1	5.9	7.5	27.5	15.5	12.0	12.8
中低收入国家	8.0	12.8	5.7	20.8	52.4	32.6	19.8	21.6	99.7	51.6	48.1	45.0
中高收入国家	9.4	10.6	8.4	22.3	50.1	29.5	20.6	14.7	130.7	63.4	67.3	37.6
高收入国家	8.3	9.5	7.4	18.4	21.1	12.1	8.9	5.5	54.1	27.6	26.5	13.4

注：“青年”指年龄在 15—24 岁的人。

资料来源：国际劳工组织模拟估算，2018 年 11 月。

---

① 除了这里讨论的两项指标外，第十九次国际劳工统计学家会议还定义了一种劳动力利用不足的综合衡量标准，称为“LU4”。

② 使用的公式是 $LU3 = \frac{失业人数 + 潜在劳动力人数}{劳动力人数 + 潜在劳动力人数} \times 100$。

国际劳工组织成立于100年前，其前提是只有在社会正义的基础上才能实现普遍和持久的和平。本报告的分析表明，一种形式的社会不公正，即失业率上升，与国际劳工组织的社会动荡指数上升有关，该指数衡量的是公民在本国劳动力市场、经济或政治局势上公开表示不满的程度。具体而言，失业率每下降1个百分点，中高收入国家和高收入国家的社会动荡指数将下降0.5个百分点（详见附录C的分析）。

毫不意外，近年来社会动荡指数也反映了全球劳动力市场积极的发展状况。2018年，世界大多数地区的社会动荡指数都低于2008—2017年的平均水平（见图1.9）。但撒哈拉以南非洲（2018年该指数有所上升）、拉丁美洲和加勒比地区（尽管大幅下降，2018年的指数仍高于长期平均水平）的社会动荡指数仍然很高，原因是这些地区的部分国家近年来遭遇了重大的经济危机（详见第2章）。2018年，南亚、中亚和西亚、阿拉伯国家以及北欧、南欧和西欧的社会动荡指数比2017年上升了1—3个百分点；然而，这些区域的社会动荡指数仍然接近或低于最近十年的平均水平。

图 1.9

2018 年全球和次区域社会动荡指数

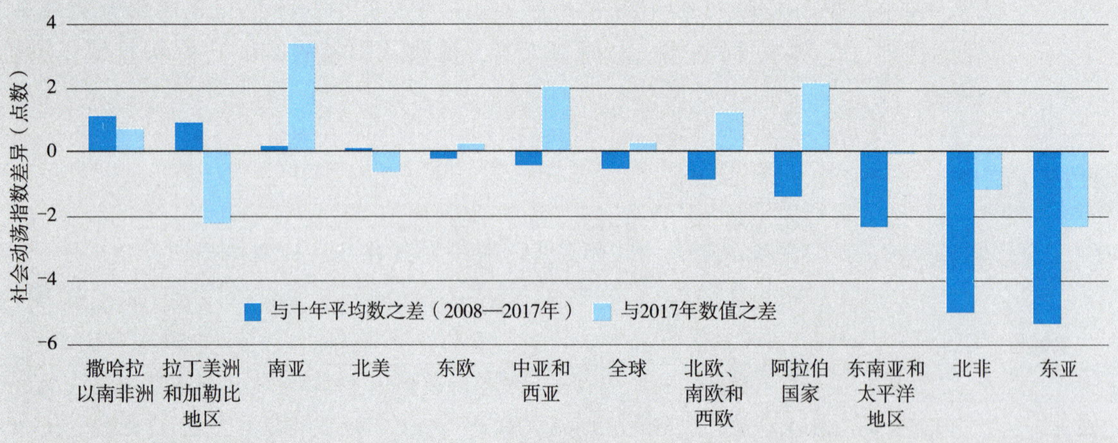

注：数字显示按区域或次区域划分的2018年社会动荡指数加权平均数与（1）2008—2017年平均数和（2）2017年数值之差。国际劳工组织的社会动荡指数根据全球事件、语言和语言数据库（GDELT）项目记录的一年内一个国家的抗议活动次数与事件总次数之比例计算得出，从0（低）到100（高）不等。关于该指数及其计算方法的详细信息，请见附录B。

资料来源：国际劳工组织基于GDELT项目数据的计算，2018年11月。

第 2 章　区域就业和社会趋势

第 1 章概述了全球劳动力市场的趋势和面临的挑战，重点介绍了处于不同经济发展阶段的国家在关键劳动力市场指标方面的差异和共同特点。本章从不同的角度对非洲、美洲、阿拉伯国家、亚洲和太平洋地区以及欧洲和中亚这全球五大区域的主要社会和劳动力市场的发展情况进行了补充评估。

在区域的视角下，本章试图说明劳动力市场现在和未来的运行状况不仅反映了一个国家的经济发展阶段，同时它也是长期存在的经济、社会、文化和地理因素的结果，而这些因素往往是一个国家或区域所特有的。因此，我们对上述每一个区域到 2020 年的劳动力市场前景和社会前景进行了分析，并分别考虑了这些前景与长期社会动态（如社会结构转型、人口和广泛的社会经济发展）之间的关系。在整个过程中，我们特别分析了体面工作的不足，特别是非正规就业和弱势就业。同时，我们试图揭示这五个区域内的各个国家在劳动力市场运行轨迹方面的差异。

建立反映全球各区域社会和劳动力市场面临的挑战的广度和深度的证据基础，是国际劳工组织促进社会正义、人权和劳工权利任务的一部分。特别是，本章旨在支持国际劳工组织做出更广泛的努力，让国际和区域决策者了解体面工作不足的严重程度，及其如何能够阻碍实现可持续和包容性的经济增长以及防止和消除贫困。

非洲

全球约 17% 的人口（近 13 亿人）生活在非洲。其中，7.64 亿人（或 59%）的年龄为 15 岁及以上（即适龄劳动人口）。上述适龄劳动人口中 63% 的人进入了劳动力市场，但不同地区的劳动力市场参与率差距较大，从北非的 46% 到撒哈拉以南非洲的 68% 不等。非洲只有 4.3% 的适龄劳动人口失业，与 60% 的就业率相比，这一数字非常小（见图 2.1）。然而，这并不是劳动力市场运转良好的一个迹象，因为对很大一部分非洲人来说，失业与否并不是他们能自主选择的。事实上，许多人别无选择，为满足基本的生活需要和摆脱贫困，他们只能从事质量不佳的非正规工作（见专栏 1.1）。因此，相当大一部分就业人口从事的工作都具有安全性低、低工资和缺乏社会保障的特点，例如自营劳动者和家庭帮工约占该区域就业总人数的 68%。有薪雇员的占比依旧很低，不到就业总人数的三分之一（28%）；然而，北非的这一比例（68.6%）远高于撒哈拉以南非洲（22.4%）。这些因素都使得个别国家的非正规就业率极高。平均而言，非正规的就业人数约占非洲就业总人数的 86%（ILO，2008a）。

展望未来，许多非洲经济体的增长势头强劲：预计非洲大陆的年经济增长率将从2018年的3.4%增加到2019年和2020年的3.9%。考虑到2014—2017年的年均增长率为3.1%，这无疑将是一个重大的突破。尽管如此，非洲目前的经济模式仍然以传统的低生产率部门、大宗商品出口和公共支出为主，与世界其他处于类似经济发展阶段的地区相比，其私人投资仍处于较低水平（IMF，2008b）。这些因素都不利于劳动生产率的增长，2018年其劳动生产率增幅不到1%，仍与过去十年的年均增长率持平。劳动生产率增长幅度从撒哈拉以南非洲的0.6%到北非的2.5%不等，但即便是后者，也低于2018年全球其他地区的平均增长率（3.1%）。与此同时，非洲的人口出生率仍然很高，这意味着尽管适龄劳动人口占总人口的比例不断上升，但经济发展的潜力仍相对较小（Cilliers，2018）。

最终，预计非洲国家将因劳动生产率增长过慢、人口增长太快而无法迅速摆脱贫困或提高收入（同上）。在非洲，工作贫困仍然普遍存在。2018年，约三分之一（32%）的劳动者生活在极度贫困之中，另有22%生活在中等贫困之中。总体而言，2018年非洲约有2.5亿劳动者生活在极度或中等贫困之中。预计到2020年，由于人口迅速增长和包容性经济增长水平不足，这一数字将增加近500万（见表2.1）。

就就业水平而言，预计到2020年，由于经济的发展速度较慢，无法创造足够的工作岗位以吸收快速增长的劳动力。2018—2020年预计年均就业人数将增长2.9%，而同期劳动力的年均增长率为3%。因此，到2020年，失业人口将增加近200万人；另一方面，预计非洲的整体失业率将保持在6.8%左右不变。

虽然我们在介绍整个非洲大陆的劳动力市场前景时强调了许多非洲国家共同面临的一些劳动力市场挑战，但是北非和撒哈拉以南非洲之间的实际情况存在相当大的差异。后文将更详细地讨论这些问题。

图 2.1

2018 年按劳动力市场状况划分的劳动适龄人口分布情况

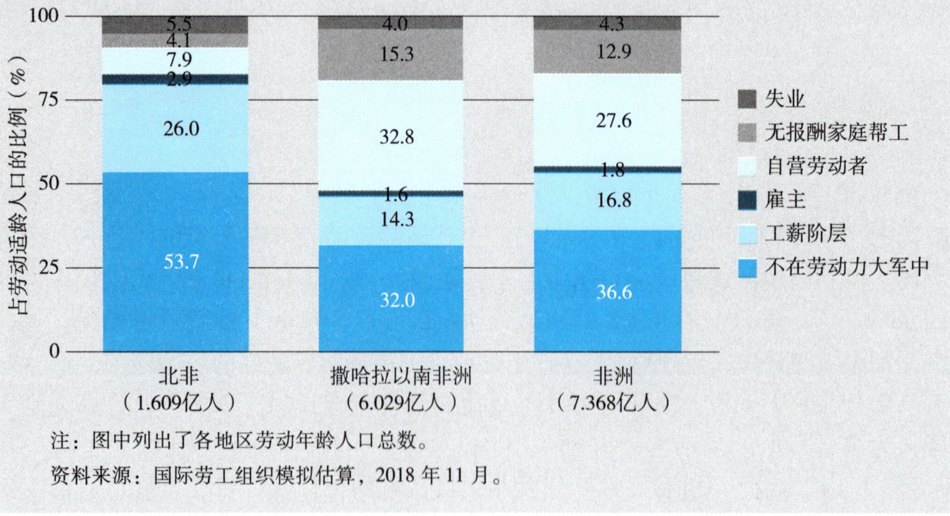

注：图中列出了各地区劳动年龄人口总数。

资料来源：国际劳工组织模拟估算，2018 年 11 月。

表 2.1

2007—2020 年非洲的失业、就业增长、劳动生产率增长和工作贫困率的趋势和预测情况

国家和地区	失业率，2007—2020 年（%）					失业人口，2017—2020（百万人）			
	2007—2016 年	2017 年	2018 年	2019 年	2020 年	2017 年	2018 年	2019 年	2020 年
非洲		6.9	6.8	6.8	6.8	32.3	33.0	34.0	34.9
北非		11.9	11.8	11.8	11.7	8.7	8.8	9.0	9.1
撒哈拉以南非洲		5.9	5.9	5.9	5.9	23.6	24.2	25.0	25.9
南非		27.3	27.0	27.3	27.6	6.1	6.1	6.3	6.4
	就业增长，2007—2020 年（%）					劳动生产率增长，2017—2020 年（%）			
	2007—2016 年	2017 年	2018 年	2019 年	2020 年	2017 年	2018 年	2019 年	2020 年
非洲		3.0	3.0	2.9	2.9	0.4	0.9	1.1	1.4
北非		1.4	2.0	1.9	1.8	2.9	2.2	2.3	2.5
撒哈拉以南非洲		3.3	3.1	3.1	3.1	-0.4	0.6	0.9	1.2
	极度工作贫困率，2007—2020 年（%）					极度工作贫困人口，2007—2020 年（百万人）			
	2007—2016 年	2017 年	2018 年	2019 年	2020 年	2017 年	2018 年	2019 年	2020 年
非洲		33.6	33.0	32.5	31.9	145.3	147.2	149.0	150.6
北非		1.4	1.4	1.3	1.3	0.9	0.9	0.9	0.8
撒哈拉以南非洲		39.2	38.5	37.8	37.1	144.4	146.3	148.1	149.8
	中等工作贫困率，2007—2020 年（%）					中等工作贫困人口，2007—2020 年（百万人）			
	2007—2016 年	2017 年	2018 年	2019 年	2020 年	2017 年	2018 年	2019 年	2020 年
非洲		22.6	22.5	22.4	22.3	97.8	100.3	102.8	105.3
北非		9.5	9.3	9.0	8.8	6.1	6.1	6.0	5.9
撒哈拉以南非洲		24.9	24.8	24.7	24.6	91.7	94.3	96.8	99.4

注：中等和极度工作贫困率分别指，按购买力平价计算，生活在每日人均收入或消费介于 1.90 美元和 3.20 美元之间，以及低于 1.90 美元的家庭的劳动者的比例。

资料来源：国际劳工组织模拟估算，2018 年 11 月。

北非

经济增长缓慢、失业率居高不下、劳动力市场差异巨大

据估计，北非 2018 年的经济增长率为 3.9%，而 2017 年的增长率为 6.1%。展望未来，在理想状态下，2019 年的经济增长率应略有上升，达到 4.2%，但实际的预测值已降至 3.7%。预计该次区域的经济增长率将在 2019 年轻微反弹，这反映出个别国家的经济有了明显的改善：由于私人消费和投资增加，突尼斯的经济增长率将达到 2.1%—2.9%，摩洛哥、阿尔及利亚和埃及的经济增长率将超过 5%（IMF，2008a）。

预计就业增长率将保持在每年 3% 左右。由于这一增长速度仅略高于劳动力的增长速度，因此，预计到 2020 年，非洲各区域的失业率将保持在 11.8% 左右。然而，预计到 2020 年，失业人数将超过 900 万人（2017 年为 870 万人），这主要是由于有更多的青年将进入劳动力市场造成的。

在全球范围内，北非的失业率是最高的。这主要是由于北非的青年（15—24

岁）和女性的失业率居高所致。事实上，预计到 2019 年，青年失业率将超过 30%，这意味着青年失业的可能性是成年人的 3.5 倍。与此同时，2018 年女性失业率为 20.7%，是男性（9.0%）的两倍多。

尽管女性更有可能失业，但实际上只有一小部分女性参与到劳动力市场当中。北非 8000 万适龄劳动妇女中有近 6200 万人（77%）仍未加入劳动队伍（见图 2.2）。此外，尽管适龄劳动妇女在该次区域劳动力中所占的比例不到 24%，但女性失业人口超过了失业总人口的 41%。北非年轻女性的劳动力市场状况与老年妇女的劳动力市场状况类似，这也表明目前所存在的巨大的性别差距不大可能迅速缩小。值得注意的是，2018 年只有 16% 的年轻妇女加入劳动力市场，40% 的年轻妇女失业；自 2016 年以来，年轻妇女的失业率已经有所上升，预计在未来几年还会继续上升。

总的来说，由于经常从事没有报酬的家务劳动以及缺乏接受教育和技能培训的机会，女性（包括年轻女性）参与劳动力市场的机会大大降低（ILO，2017b 和 2018d）。这说明，在一个青年 NEET 比例居全球第二位的次区域，青年 NEET 群体中年轻女性占据很高比例（ILO，2007b）。例如，2017 年，阿尔及利亚年轻女性 NEET 比例约为 32%，埃及约为 35%。在这两个国家，青年男子的 NEET 比例比年轻女性低 10 个百分点。①

就业质量改善停滞

预计在未来几年，北非的工薪阶层所占比例将在 64% 上下波动，而自营劳动者和无报酬家庭帮工所占的比例将分别保持在 20% 和 10% 以下。尽管工薪阶层人数相对较多，但非正规就业的情况在该次区域仍然普遍存在，涉及 67% 的就业人口和 56% 以上在非农业部门工作的劳动者（ILO，2008a）。

图 2.2

2018 年按性别和年龄组别划分的劳动适龄人口、不工作的人、就业和失业人口的分布情况

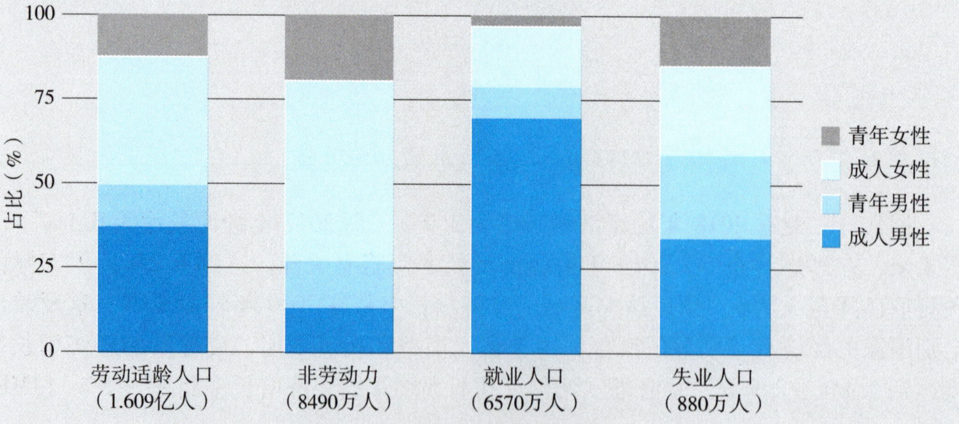

注："青年"指年龄为 15—24 岁的人，"成人"指年龄为 25 岁及以上的人。

资料来源：国际劳工组织模拟估算，2018 年 11 月。

① 更多有关于此的数据，请参见于 ILOSTAT 数据库。

对各部门就业情况的调查表明，目前北非的农业人口占其就业总人口的四分之一以上，尽管自2000年以来该比例已大幅下降（2000年约为33%）。女性更有可能从事农业活动，女性农业人口占女性就业总人口的55%以上，但男性的该比例仅为23%。在离开农业生产之后，劳动者主要流向了服务业，[①] 自2000年以来，服务业的就业人数在总就业人口中所占比例增长了4个百分点，在2018年达到26.4%。相比之下，同期制造业的就业人数占比大致保持不变，约为11%。

虽然，自2008年以来，北非在减少工作贫困的方面取得了重大的进展，当时工作贫困人口的比例是现在的两倍，但目前的中等工作贫困率仍然很高。总体而言，估计北非约10%以上的就业人口（700万人）生活在极度或中等工作贫困中（见表2.1）。

撒哈拉以南非洲

劳动力的强劲增长需要更多的就业机会

撒哈拉以南非洲在未来几年的经济增长将更为强劲和稳定。预计2019年的经济增长率将达到3.7%，2020年达到3.9%，都高于2016—2018年2.2%的年均增长率。预期的经济好转是有广泛基础的，包括大宗商品价格回升、外部融资机会增加以及全球宏观经济形势的好转（IMF，2008c和2008d）。然而，预计尼日利亚和南非等主要资源密集型国家的经济增长率将仍低于潜在经济增长率，这将削弱整个次区域的长期经济发展前景。

与其他区域和次区域相比，预计撒哈拉以南非洲的就业增长应保持强劲，年均增长率为3.1%左右（见表2.1）。但这并不足以跟上当地迅速增长的人口数量。因此，到2020年，预计该地区的失业人口将增加近190万人。尽管如此，预计这一时期的失业率将基本保持不变，约为5.9%。虽然与北非相比，撒哈拉以南非洲的失业率较低，但该次区域的总失业率数值掩盖了各国之间的巨大差异。例如，预计2019年埃塞俄比亚的失业率为1.8%，尼日利亚为6.0%，博茨瓦纳为18.2%，南非为27.3%。

此外，鉴于就业将保持强劲的增长，预计经济活动的反弹只会让劳动生产率出现轻微增长。特别是，尽管劳动者的人均产出增长率在连续两年下滑后恢复到正增长区域（2018年已达到0.6%），但按国际标准，这一增长率仍然相当低。事实上，预计2018—2021年撒哈拉以南非洲的劳动生产率的年均增长率为1%，而全球的预测值为2.5%（见第1章）。

过半数的劳动者生活在极度或中等贫困之中，创造高质量的就业机会仍然是最大的挑战

从失业率的角度来看，撒哈拉以南非洲的劳动力市场状况只反映了部分非洲地区情况。事实上，由于该次区域大多数国家的社会保障制度不完善（ILO，2007a），很大一部分劳动适龄人口无法承受失业带来的困扰。所以，为了维持基本生活需要，

---

① 总经济活动分类在ILOSTAT数据库的文件中定义（https：//www.ilo.org/ilostat－files/Documents/description_ECO_EN.pdf）。

他们必须从事任何可能找到的工作。因此，大多数就业人口从事的都是非正规工作，其特点是工资低、缺乏社会保障。

具体而言，2018 年，该次区域有一半以上的就业人口为自营劳动者，另有 23% 为无报酬家庭帮工（见图 2.1）。正如第 1 章所指出的那样，这两种形式的就业不仅报酬低，而且大多为非正规就业：按定义，无报酬家庭帮工都是非正规就业，全世界 86.1% 的自营劳动者也是非正规就业。总的来说，在撒哈拉以南非洲，自营劳动者和无报酬家庭帮工的人口数量占非正规就业总人口的 67.6%，有薪就业人口仅占 30%（ILO，2008a）。总体而言，该次区域有一半以上国家的非正规就业率超过 90%。如果不考虑农业部门，这一比例会有所下降，但有一半甚至三分之二的非农业人口仍属于非正规就业（同上）。

在整个撒哈拉以南非洲，女性更容易受到非正规就业的影响。在喀麦隆、冈比亚和赞比亚等一些国家，女性的非正规就业率比男性高出 10 个百分点以上。女性非正规就业发生率较高的一个主要原因是她们比男子更有可能从事家务劳动。事实上，在撒哈拉以南非洲，33% 的就业妇女是无报酬家庭帮工，而只有 15% 的男性劳动者从事这类活动。

该次区域的非正规就业率很高，部分原因是经济的非正规化，许多劳动适龄人口面临着从事非正规工作以满足其个人和家庭的基本经济需求，而非正规经济恰好能为他们提供最后的就业机会。与此同时，较高的非正规就业率反映了该次区域的生产结构。在该次区域，2018 年农业人口仍占就业总人口的 55% 以上。虽然这一比例在过去几十年已缓慢且稳定地下降，但按绝对值计算，2000—2018 年新增农业人口约占新增总就业人口的一半（见图 2.3）。农业仍然是创造就业机会的一个重要行业部门，这与撒哈拉以南非洲 60% 以上的人口生活在农村地区有关，在那里，自给自足的农业仍然是当地经济的支柱。

总的来说，尽管向附加值更高的部门转型有助于减少撒哈拉以南非洲的非正规就业和普遍存在的体面工作不足的情况，但几乎没有任何迹象表明这一结构转型正在发生。例如，在 2000—2018 年新增的所有就业中，只有 6% 属于制造业工作岗位，如今制造业的就业人数仅占就业总人口的 6.2%。造成该次区域制造业增长疲软的因素有很多，包括基础设施不完善、行业部门效益差、地理障碍，以及劳动力成本比处于同一发展阶段的其他国家更高（Cadot 等，2016）。然而，有证据表明，市场服务业的就业增长强劲，虽然这有助于促进创业精神和提高劳动生产率，但最终不可能大幅缓解体面工作不足的情况。事实上，市场服务业的就业增长集中于生产率低、非正规就业率高和工作条件差的领域（ILO，2008d）。因此，在撒哈拉以南非洲的住房和食品部门就业的人口中，84% 以上属于非正规就业，这一比例在交通运输、仓储和通信部门以及批发和零售贸易及修理活动中超过了 87%。①

在生产力发展缓慢但人口迅速增长的背景下，撒哈拉以南非洲的极度工作贫困率（37.9%）和中等工作贫困率（24.4%）仍然很高。预计极度工作贫困的发生率在未来将会下降，但下降速度将比过去几十年要更缓慢，而在减少中等工作贫困方面的进展却不如人意。这意味着，2018—2020 年生活在极度或中等贫困中的劳动者总数将增加 1000 万人。此外，全球极度和中等工作贫困发生率最高的 20 个国家中有 18 个位于撒哈拉以南非洲，这一发生率从贝宁的 57% 到布隆迪的 84% 以上不等。

---

① 以上所选服务部门的非正规率是使用现有数据计算的 19 个撒哈拉以南非洲国家的未加权平均数。

图 2.3

2000—2018 年撒哈拉以南非洲按经济部门划分的就业情况

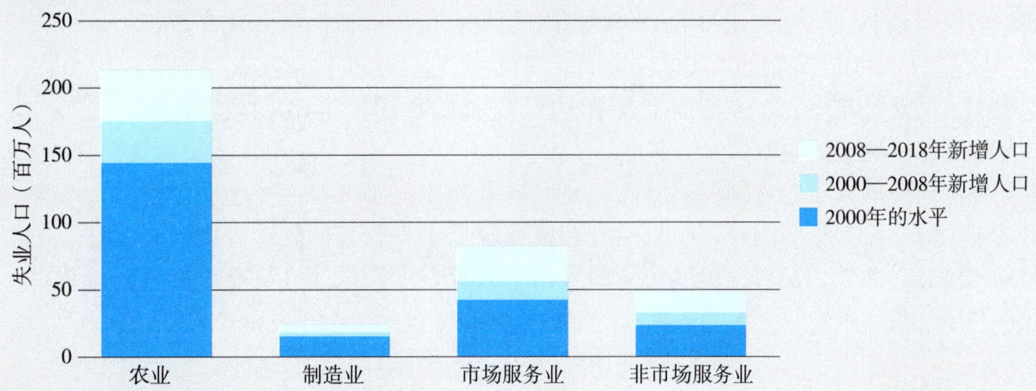

资料来源：国际劳工组织模拟估算，2018 年 11 月。

数百万区域内及区域间的流动人口对撒哈拉以南非洲发展造成的影响有好有坏

2017 年，撒哈拉以南非洲约 2300 万人生活在原籍国以外的地区，占非洲大陆移民总数的 90% 以上（联合国，2017b），这反映出过去几十年移民率迅速增长。事实上，撒哈拉以南非洲的移民人数自 2010 年以来增长了至少 46%，而在 2000—2010 年期间仅增长了 14%。该次区域的移民中有很大一部分是由于粮食不安全、武装冲突扩散、自然灾害、社区暴力以及文化迫害或区域少数群体迫害等原因而离开本国。然而，缺乏高质量的工作和普遍存在的工作贫困现象也是造成大规模人口迁徙的关键因素（ILO，2008g；FAO，2017）。

撒哈拉以南非洲区域内的人口迁徙也十分频繁，占撒哈拉以南非洲国家迁徙总人数的 60% 以上。许多移民是为了寻找更好的就业机会而迁徙，特别是从农村地区迁移到城市地区（FAO，2017）。总体而言，撒哈拉以南非洲国家约有 1170 万移民工人（ILO，2008g）。① 此外，大量劳动者为了找工作季节性地从非洲东南部迁移到撒哈拉以南非洲地区，他们主要从事商业性农业生产（Munakamwe 和 Jinnah，2015）。然而，撒哈拉以南非洲移民人数的增加在很大程度上是由逃离原籍国的难民造成的：2010—2017 年约有 500 万人因此而迁移（皮尤研究中心，2018）。

撒哈拉以南非洲内部的迁徙仍然比区域间更为普遍。毕竟，迁移到另一个区域或大陆往往是个漫长的过程且成本高昂，人们首先考虑的是在自己所处的（次）区域内迁移，以便能够筹集必要的资金，进一步迁移到国外（FAO，2017）。然而，近几年来，该次区域的国际移民人数一直在迅速增长，2010—2017 年增长了 30% 以上，相比之下，2000—2010 年增长了 25%，20 世纪 90 年代增长了 1%。因此，区域间移民占撒哈拉以南非洲移民总数的 33% 左右；其中约三分之二的移民迁移到欧洲国家（特别是英国、法国和德国）或美国。以欧洲为例，近年来，来自撒哈拉以南非洲的移民人数增加的主要原因是庇护申请的激增，2010—2017 年增加了近 100 万（皮尤研究中心，2018）。

展望未来，由于人口持续快速增长，平均教育水平提升，但许多国家的政治局势仍将不稳定，未来几十年，撒哈拉以南非洲的人口流动率可能仍然很高（该次区

---

① 这一估计数包括原国籍位于撒哈拉以南非洲以外的移民工人。

域迁移人口已占全球国际移徙人口的9%左右)。调查数据显示，在全球范围内，撒哈拉以南非洲的人最有可能永久移居国外：在接受调查的撒哈拉以南非洲的人口中，约有34%的人愿意这样做，这一比例远高于全球17%的平均水平。青年（15—24岁）比成年人更可能移民：超过43%的青年表示，如果有机会，他们就会离开原籍国。然而，只有23%的青年愿意在调查后的12个月内将这一想法付诸实践（见图2.4)。这表明，缺乏经济资源、家庭纽带关系牢固以及目的地国家的移民政策都是人们难以实现其移民愿望的限制因素。

受教育程度较高的人更愿意移民。因此，在上述调查中，40%以上受过高等教育的受访者表示他们希望移居国外，而只受过初级或较低水平教育的受访者中仅有23%的人有此意愿。此外，受教育程度较高的人比受教育程度较低的人更有可能将他们的迁移愿望付诸实践。

在青年和受教育程度较高的人的迁移愿望转化为实际移民行动的情况下，过去几十年以来撒哈拉以南非洲的人才流失情况很可能会一直持续下去。这可能对原籍国产生积极和消极的社会经济影响（Docquier，2014)。一方面，技能水平较高的人移民是有益的，因为这会鼓励原籍国的其他人接受教育，而且迁出者可能定期为本国带来侨汇；与此同时，返乡者开辟新的贸易和投资机会可能会产生积极的外溢效应（UNCTAD，2018)。另一方面，受过良好教育的人移民会抑制原籍国的人力资本和生产力的发展，进而阻碍经济的长期发展。在撒哈拉以南非洲的大多数国家，这种人才流失造成的损失大于其可能带来的任何好处，其损失程度的大小取决于一国的经济发展水平、人口规模、社会经济特点和地理位置（Docquier，2014)。

图2.4

2015—2016年撒哈拉以南非洲希望或计划移居国外的受访者所占比例

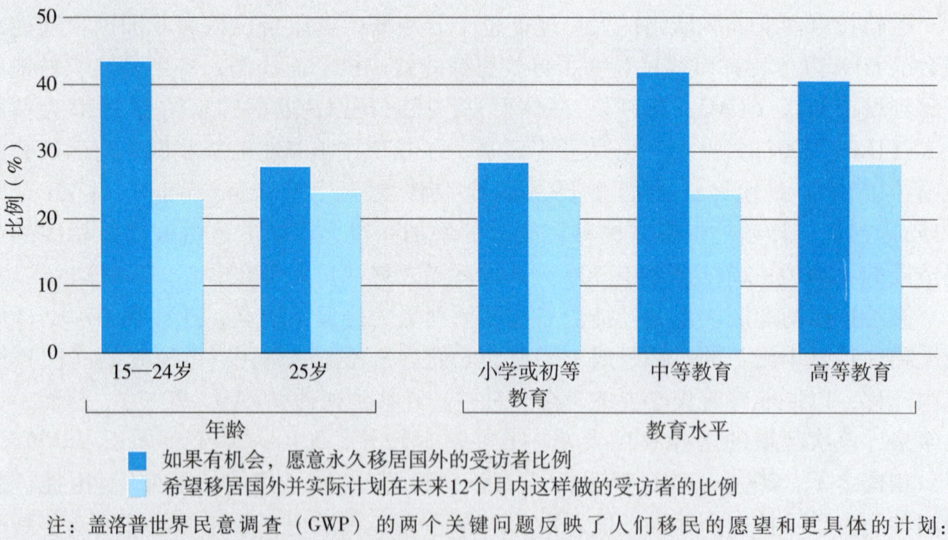

注：盖洛普世界民意调查（GWP）的两个关键问题反映了人们移民的愿望和更具体的计划：(1)“在理想情况下，如果有机会的话，你愿意永久移居他国，还是愿意继续在这个国家生活?”以及(2)“你是否计划在今后12个月内永久移居他国?”（只询问那些表示愿意迁往另一个国家的人)。盖洛普世界民意调查包含个人层面的数据，这些数据来自对每个国家约500名男性和500名女性的访谈。

资料来源：国际劳工组织基于2017年公布的盖洛普世界民意调查数据库的结果进行的阐述。

美洲

北美洲

预计失业率将在2019年达到最低水平，但就业增长率将急剧下降

据估计，2018年北美的经济增长率为2.8%，达到2006年以来的新高。尽管增长还将继续保持强劲，但预测经济增长率将于2019年降至2.5%，2020年降至1.8%。该次区域经济增长放缓的主要原因是美国经济增长放缓，预计美国的实际GDP增长率将从2018年的2.9%下降至2020年的1.8%。加拿大的GDP增长也将有所下降，但幅度较小，从2018年的2.1%降至2020年的1.8%。

随着经济形势的变化，预计就业增长速度也将在未来几年下降，在2018年达到0.8%之后，预计2019年的就业水平增长率为0.4%，并在2020年之前保持在这一水平。因此，预计该次区域失业率将在2019年降至最低点（4.1%），到2020年将开始略有上升。在加拿大，预计失业率将在2019年开始上升；而在美国，预计2019年的失业率将保持稳定，到2020年略有上升（见表2.2）。

劳动力利用率不足的程度很可能高于人们根据失业率所估计的水平。事实上，该次区域劳动力市场十分疲软，缺乏活力。尤其是美国，有150多万潜在劳动力（即没有找工作或无法在短时间内找到工作的劳动者）。自2012年以来，美国的潜在劳动力数量略有下降，但预计在2019年会再次增加，尤其是女性劳动者，她们在潜在劳动力总数中约占53%。

虽然失业率已达十年来的最低水平，但许多人仍处于劳动力市场的边缘

尽管北美的平均失业率稳步下降，但受教育水平不同的人口群体之间存在着巨大差异。因此，在美国和加拿大，只有基础教育背景的人失业的可能性是受过高等

表 2.2

2007—2020年北美洲的失业、就业和劳动生产率增长趋势及预测

次区域/国家	失业率，2007—2020年（%）					失业人口，2007—2020年（百万人）			
	2007—2016年	2017年	2018年	2019年	2020年	2017年	2018年	2019年	2020年
北美洲		**4.6**	**4.2**	**4.1**	**4.3**	**8.4**	**7.7**	**7.6**	**7.9**
加拿大		6.3	5.9	6.1	6.2	1.3	1.2	1.2	1.3
美国		4.4	3.9	3.9	4.0	7.1	6.5	6.4	6.7
	就业增长率，2007—2020年（%）					劳动生产增长，2007—2020年（百万人）			
	2007—2016年	2017年	2018年	2019年	2020年	2017年	2018年	2019年	2020年
北美洲		**1.6**	**0.8**	**0.4**	**0.3**	**0.7**	**2.0**	**1.9**	**1.3**

资料来源：国际劳工组织模拟估算，2018年11月。

教育的人的两倍多。[1] 此外，很大一部分人仍然没有进入劳动力市场，这一比例自2000 年以来一直在增长。尤其是美国的青年，其劳动参与率在 2017 年接近 52%，比 2000 年低至少 10 个百分点，比 2008 年低 3 个百分点。尽管幅度较小，但美国处于黄金时期的劳动者（即 25—54 岁的劳动者）的参与率也有所下降。但在加拿大，同一年龄组的劳动力的参与率保持相对稳定的水平。相反，自 2000 年以来，这两个国家的老年劳动参与率大幅增加，尽管其增长率在 2008 年后大大放缓，特别是在美国（见图 2. 5）。劳动适龄女性的参与率也有所增加，加拿大为 61%，美国为 57%，均达到两个国家自 2014 年以来的最高水平。

如果我们把分析重点放在北美洲的青年身上，很明显，受教育程度较低的人口群体的劳动市场参与率的下降幅度更大。例如，在美国，受过初中或以下教育的青年的参与率在 2017 年为 25. 0%，比 2008 年低约 8 个百分点，比 2000 年低 21 个百分点。尽管不像美国那样明显，但加拿大受教育程度低和程度高的青年之间也存在着明显的差距。在加拿大，只接受基础教育的青年的参与率在 2017 年为 45. 9%，而受过高等教育的青年的参与率为 82. 3%。

然而，青年劳动力市场参与率一直在下降是有充分理由的。总的来说，在过去十年中，北美的这一参与率下降的主要原因是越来越多的青年选择接受教育。15—19 岁青年的中等教育入学率稳步上升，2017 年美国和加拿大的青年中等教育入学率分别达到 82. 5% 和 78. 4%。因此，这些数据表明青年进入劳动力市场较晚，因为他们比过去更渴望接受教育并希望更长期地接受教育，那么即使他们目前的劳动参与率较低，但他们在将来可能转化为技能更好的成年劳动力，并且未来的总体劳动参与率可能会更高。但令人担忧的是，15—19 岁未接受教育的青年中有很大一部分人既没有接受教育，没有就业，也没有接受技能培训。2016 年，美国和加拿大的 NEET 比例分别为 7. 3% 和 6. 3%。

图 2. 5

2000 年、2008 年和 2018 年加拿大和美国按年龄划分的劳动参与率

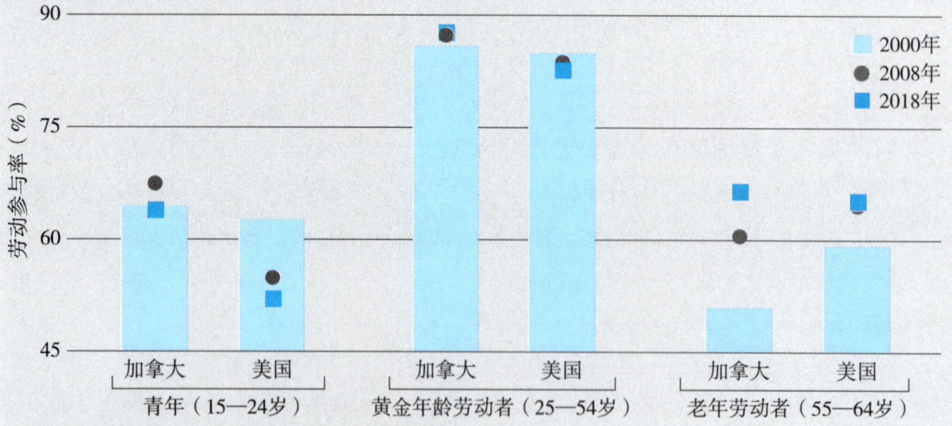

注：美国的“青年”不包括年龄为 15 岁的人。

资料来源：ILOSTAT（2018 年 11 月访问）。

---

[1] 本报告述及的教育水平参照2011 年版的“国际标准教育分类”（ISCED）。具体而言，（1）“基础教育”包括小学和初中教育；（2）“中等教育”包括高中和中学后非高等教育；（3）“高等教育”包括短周期高等教育、学士或同等学历、硕士或同等学历、博士或同等学历教育。关于国际劳工组织使用 ISCED 提供按教育程度划分的就业统计数据的详细资料，可在以下网址查阅：https：//www. ilo. org/ilostat – files/Documents/description_ EDU_ EN. pdf。

尽管青年入学率提高是一个积极的信号，但 NEET 的总体比例掩盖了不同年龄段、不同受教育程度、不同性别和种族或族裔的青年之间的差异。例如，在加拿大，20—24 岁的 NEET 比例在过去十年有所增加，2016 年接近 15%（高于 2006 年的 13%）。在美国，拥有高中文凭的青年，特别是 16—19 岁的青少年，NEET 比例也有所增加，从 1998 年的 8.2% 上升到 2014 年的 12.4%（Canon、Kudlyak 和 Liu，2015）。与此同时，美国的种族和性别差距依然存在，黑人青年的 NEET 比例几乎是白人青年的两倍（Lewis 和 Burd - Sharps，2015）。至于性别差异，美国年轻女性的 NEET 比例略高于男性，加拿大的情况则恰好相反。

最后，鉴于北美（特别是美国）是通过数字化平台提供就业机会的领军者之一，对在这类平台工作的劳动者的就业条件和获得社会保障的机会进行更密切的检测，对决策者来说越来越重要。国际劳工组织最近的一项研究表明，在亚马逊机械土耳其机器人网（AMT）平台上接受调查的美国劳动者中，有近三分之二的人的收入低于联邦最低工资水平（7.25 美元/小时），这在一定程度上反映了通过平台寻找工作必须花费许多时间（ILO，2008e）。对于在这类平台上工作的近三分之一的美国劳动者来说，众包（crowdwork）工作是主要的收入来源；其他人则从事其他类型的有偿工作。此外，在美国，只有一小部分在 AMT 工作的劳动者的养老金缴费主要源自众包收入（8% 用于私人退休，9% 用于社会保障），只有 62% 的人享有医疗健康保险（同上）。

拉丁美洲和加勒比地区

经济增长不会为劳动力市场带来相应的改善

预计拉丁美洲和加勒比地区的经济增长将超过之前的预期水平，2019 年达到 2.0%，2020 年达到 2.6%，均高于 2018 年的 1%。预计 2019 年的经济增长可归因于巴西的发展，巴西的 GDP 增长率预计将从 2018 年的 0.7% 增至 2019 年的 2.4%。哥伦比亚、秘鲁和智利的经济增长预计将保持强劲的势头（2019 年为 3.4%—4.2%）；墨西哥的经济增长率将从 2018 年的 2.1% 增至 2019 年的 2.5%。相反，预计阿根廷、尼加拉瓜和委内瑞拉的经济将在整个 2019 年处于衰退状态。

预计经济增长的强势反弹将对新增就业产生积极的影响，但效果有限。因此，预计就业人数将会缓慢上升，到 2020 年，每年增长 1.4% 左右。因此，预计该次区域失业率将从 2018 年的 8.0% 下降到 2020 年的 7.8%（见表 2.3）。失业率下降缓慢是由各个国家不同的劳动力市场前景所决定的。例如，预计巴西的失业率将继续下降，2019 年将达到 12.2%，但阿根廷、智利、厄瓜多尔和秘鲁的失业率将略有上升。[①]

非正规就业仍普遍存在，甚至在有薪雇员和新兴部门也是如此

拉丁美洲和加勒比地区大部分就业人口依旧从事低质量的工作。总体来看，2018 年，有薪雇员占就业总人口的 63%，其中自营劳动者和无报酬家庭帮工分别占 28.3% 和 4.3%。然而，拉丁美洲和加勒比地区处于不同经济发展阶段的国家的就业情况各不相同。例如，在该次区域的中低收入国家，自营劳动者占就业总人口的

① 关于拉丁美洲和加勒比地区劳动力市场和社会前景的详细分析，请参见 ILO，2008h。

表 2.3

2007—2020 年拉丁美洲和加勒比地区的失业、就业增长、劳动生产率增长和工作贫困的趋势和预测

次区域/国家	失业率，2007—2020 年（%）					失业人口，2017—2020 年（百万人）			
	2007—2016 年	2017 年	2018 年	2019 年	2020 年	2017 年	2018 年	2019 年	2020 年
拉丁美洲和加勒比地区		**8.1**	**8.0**	**8.0**	**7.8**	**25.0**	**25.3**	**25.5**	**25.3**
巴西		12.8	12.5	12.2	11.7	13.5	13.3	13.1	12.7
墨西哥		3.4	3.3	3.4	3.3	2.0	2.0	2.0	2.0
	就业增长率，2007—2020 年（%）					劳动生产增长率，2017—2020 年（%）			
	2007—2016 年	2017 年	2018 年	2019 年	2020 年	2017 年	2018 年	2019 年	2020 年
拉丁美洲和加勒比地区		**1.3**	**1.4**	**1.4**	**1.5**	**-0.1**	**0.7**	**1.5**	**1.6**
	极度和中等工作贫困率，2017—2020 年（%）					极度和中等工作贫困人口，2017—2020 年（百万人）			
	2007—2016 年	2017 年	2018 年	2019 年	2020 年	2017 年	2018 年	2019 年	2020 年
拉丁美洲和加勒比地区		**6.9**	**6.8**	**6.5**	**6.3**	**19.8**	**19.6**	**19.2**	**18.7**

注：中度和极度工作贫困率分别指，按购买力平价计算，每日人均收入或消费介于 1.90 美元和 3.20 美元之间，以及不足 1.90 美元的劳动者的比例。本表所示的巴西和墨西哥的失业率可能与国家统计局报告的失业率不同，因为它们所使用的失业定义与国际劳工统计学家会议确定的定义不同。

资料来源：国际劳工组织模拟估算，2018 年 11 月。

图 2.6

2018 年拉丁美洲和加勒比地区按就业状况和国家收入水平划分的就业分布情况

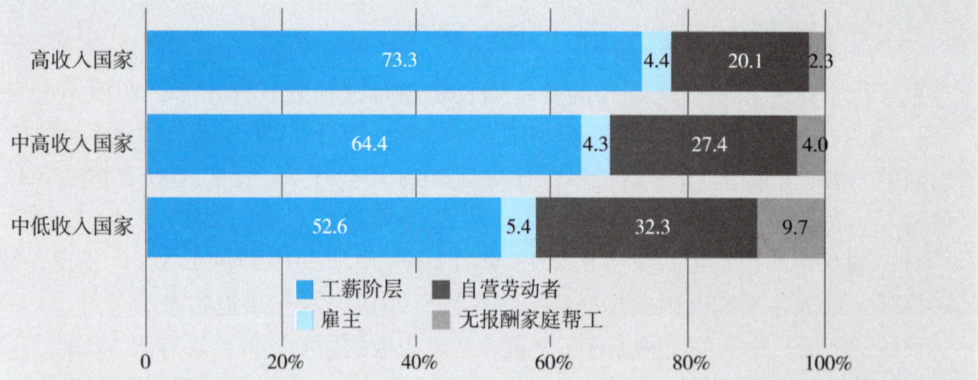

注：高收入国家包括 7 个国家；中高收入国家和中低收入国家分别包括 15 个国家和 5 个国家。

资料来源：国际劳工组织模拟估算，2018 年 11 月。

比例比高收入国家高出 12 个百分点。相反，高收入国家的有薪雇员约占就业总人数的三分之二，而中低收入国家的该比例占为 50%（见图 2.6）。

有薪工作并不是良好工作条件的保证。第一，签有固定期限合同的就业人数占智利、哥伦比亚、厄瓜多尔和秘鲁等国有薪劳动者总人数的 20%—30%（ILO，2015a）。第二，在拉丁美洲和加勒比地区，有薪劳动者约占所有非正规就业人数的 45%，而全球的平均水平为 36.2%。在中美洲，这一问题更为突出，达到 55.1%，而南美洲的比例为 41.3%（ILO，2008a）。

因此，尽管在过去十年中，几乎所有拉丁美洲和加勒比地区国家的非正规就业率都因综合性政策措施的出台而下降，但该次区域仍然是全球非正规性发生率最高的地区之一（ILO，2014）。这些措施包括：（1）简化开办新企业所涉及的规章制度和程序（智利、危地马拉、巴拿马）；（2）促进对向正规化过渡的税收奖励（阿根廷、秘鲁、乌拉圭）；（3）加强对劳动法遵守情况监测（巴西、巴拉圭）；（4）制定行业部门协议，使农村就业正规化，完善就业的社会保障机制（阿根廷）（同上）。然而，据估计，该次区域53%以上的就业人口仍然从事非正规化工作。在几个中低收入国家（如玻利维亚、危地马拉和尼加拉瓜），非正规就业率接近80%。一些中高收入国家和高收入国家的非正规就业率也很高，包括阿根廷（47.2%）、巴西（46%）、智利（40.5%）和墨西哥（53.4%）。

过去几十年以来，拉丁美洲和加勒比地区新增的就业机会大多来自市场服务业。当前，市场服务业的就业人数占该次区域就业总人口的40%，高于2000年的33%。以国际标准衡量，非市场服务业的就业比例超过25%，但自2000年以来，这一比例几乎没有变化。另一方面，同期制造业的就业人口占比略有下降，但仍高于12%。然而，导致就业从农业部门转向市场服务业的这一结构转变并没有对降低非正规就业率带来很大的帮助。

事实上，除金融活动外，非正规性问题在市场服务业的各个部门仍然普遍存在。例如，批发和零售贸易部门的非正规就业占比达65%；在不同国家，这一比例也不尽相同，从22%（哥斯达黎加）到90%以上（玻利维亚、厄瓜多尔和尼加拉瓜）不等。同样地，交通运输、仓储和通信部门的非正规就业比例也各不相同，从10%（乌拉圭）到90%以上（玻利维亚、厄瓜多尔）不等。制造业的非正规就业比例略低，但该次区域制造行业仍有60%的劳动者属于非正规就业（见图2.7）。

非正规就业的一个众所周知的特点是，处于收入分配最底层的劳动者的非正规就业率较高。2013年，最贫困的10%人口的非正规就业率超过了72%，而最富有的10%人口的这一比例不到30%（ILO，2015b）。有证据表明，非正规就业、贫困发生率和社会排斥之间存在着协同的、相互促进的关系，这最终导致代际不平等和恶性循环（Gunes和Canelas，2013）。一方面，该次区域的非正规就业比例一直很高。这表明，对大多数人来说，非正规就业是摆脱失业和贫困的唯一途径。另一方面，非正规就业也加剧了贫困，因为在大多数情况下，非规范的工作意味着低工资，以及获得社会保障、与家庭有关的福利和融资的机会有限。

因此，在拉丁美洲和加勒比地区，非正规就业率最高的国家也是“多维贫困”发生率最高的国家。[①] 一些中美洲国家（如萨尔瓦多、危地马拉和洪都拉斯）的非正规就业人口占就业总人口的70%—80%，其中约50%以上的人口受到多维贫困问题的影响（见图2.8）。在一个货币贫困率在过去十年稳步降低的次区域——目前生活在极度或中等贫困中的劳动者所占比例低于7%（见表2.3）——必须考虑更为全面的贫困衡量标准，以便在一定程度上了解人们未得到满足的基本需要，并制定鼓励正规就业的政策措施。此外，拉丁美洲和加勒比地区的农村地区的贫困率仍然居高不下（FAO，2018），这要求决策者要做出更大努力，完善和发展农业部门的体面工作和社会保障制度。

① 用于确定多维贫困指数的有12个维度。这些维度可以被分为三类：（1）教育；（2）就业和社会保障；（3）住房和基本服务（即获得改善的水资源或卫生设施）。如果一个人至少经历了四个维度的贫困，那么他/她就被认为是多维度贫困。有关于此的更多详情，请参见Duran和Robles（2016）。

图 2.7

最近一年拉丁美洲和加勒比地区市场服务业中非正规就业所占份额的变化

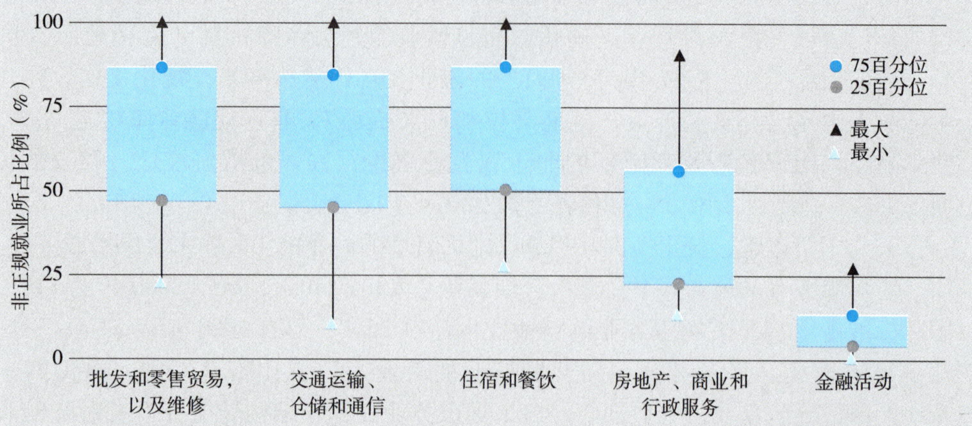

注：本图基于可获得数据的 16 个国家。总体经济活动的类别载于 ILOSTAT 数据库的文件中（www. ilo. org/ilostat – files/Documents/description_ ECO_ EN. pdf）。

资料来源：国际劳工组织统计局对微观数据的处理。

图 2.8

最近一年拉丁美洲和加勒比地区国家的非正规就业与多维贫困之间的关系

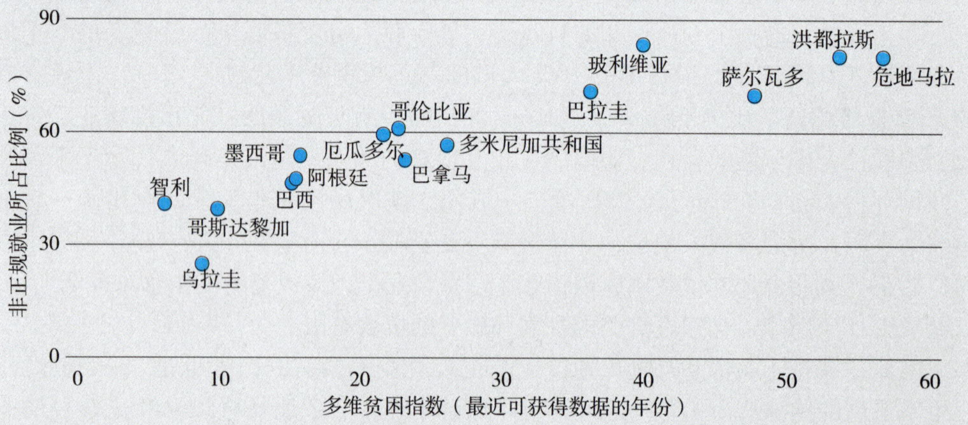

注：Duryea 和 Robles（2016）将多维贫困定义为经历 12 种社会贫困形式中至少有四种形式的人口所占比例。

资料来源：ILO，2018a；美洲开发银行在线数据库。

该次区域的部分国家制定了非缴费型社会保障政策，这些政策方案在缓解与多维贫困和就业非正规性有关的问题方面发挥了重要作用。例如，在智利、哥伦比亚和墨西哥，医疗卫生服务已扩大到以前制度并未涵盖的家庭。有条件的现金援助也是有效的扶贫工具，旨在帮助那些从非正规工作过渡到正规工作的劳动者。在厄瓜多尔，2015 年有将近 45% 的人接受了综合技术培训；巴西、哥伦比亚和墨西哥的比例约为 25%（Cecchini 和 Atuesta，2017）。这种转变通常以儿童入学和接受健康检查为条件，还有一些机构为参加者提供了参与就业的方案。它们可以通过改善儿童和青年的教育，帮助解决贫困的代际传播问题，从而使他们能够在进入劳动力市场时拥有更高的技能水平（ILO、UNICEF 和世界银行，2017）。此外，有证据表明，在积极的劳动力市场政策下，参与者更有可能找到质量更高的工作（López Mourelo

和 Esscudero，2017），尤其是该次区域的青年和女性（Escudero 等，2018）。然而，值得注意的是，与现金援助有关的福利通常没有缴费型社会保障发放的福利那么慷慨。因此，这类方案不能被视为正规化工作的替代品（ILO，2015b 和 2017a）。

阿拉伯国家

劳动力市场前景稳定，经济增长回归正值

阿拉伯国家地区的经济增长在 2017 年收缩 0.6% 之后，于 2018 年重新进入正增长区间，达到 2.3%。2019 年经济增长进一步加强，预计将达到 3.5%；预计到 2020 年将再次放缓至 2.7%。预期的改善主要是由于海湾合作委员会（GCC）成员国的经济复苏，这一集团 2018 年的 GDP 增长了 2.2%，高于 2017 年的 0.5%——这一复苏是由非石油部门强劲的表现和持续的公共投资推动的。预计非海湾合作委员会国家的经济前景也将略有改善，其 GDP 增幅在未来几年将徘徊在 2% 左右。在这些国家，与石油相关的经济增长放缓已经被公共投资的增加所抵消。然而，长期的地缘政治不确定性以及在某些情况下的武装冲突都持续抑制了非海湾合作委员会国家的经济活动（IMF，2018e）。

经济增长的反弹预计不会使阿拉伯国家的劳动力市场显著改善。据估计，就业增长率将从 2017 年的 2.9% 下降至 2018 年的 2.4%，而且在预测期内仍将维持在这一较低的水平。大部分地区工作岗位创造率的下降可以归因于非海湾合作委员会国家的发展，据估计，这些国家 2018 年的就业增长率比上一年下降了整整 1 个百分点。然而，正是在这组国家，就业增长应该在 2020 年前开始回升，而海湾合作委员会经济体的就业增长预计将减速。

预计 2018—2020 年地区失业率将稳定在 7.3%（见表 2.4）。非海湾合作委员会国家的失业率在 2018 年为 10.8%，仍是海湾合作委员会国家失业率的两倍以上。虽然有一些恢复正常的迹象，但这些数据表明，非海湾合作委员会国家的劳动力市场状况仍然十分严峻，激烈的冲突和安全风险破坏了社会经济发展。

与此同时，必须认识到，该区域的劳动力市场数据深受移民工人劳动力市场动态的影响。事实上，阿拉伯国家是移民工人比例最高的地区，占总就业人口的 41%，而全球的平均水平为 4.7%（ILO，2018g）。在海湾合作委员会国家，这一比例甚至更高，这些国家平均超过一半的工人是移民；此外，移民占所有私营部门雇员的四分之三或更多。值得注意的是，2017 年移民工人的劳动参与率（75.4%）远高于本地人（42.2%）（同上）。

相比之前，经济增长将大大减速，如果要在阿拉伯国家创造新的劳动力市场机会，促进非石油私营部门的扩张和多样化成为一项关键挑战。一些海湾合作委员会国家（如巴林和沙特阿拉伯）已经采取措施鼓励私营部门在非石油经济部门创造就业机会，同时也试图鼓励雇主雇用本国国民，特别是青年和女性。然而，为了实现这一目标，有关国家需要采取更好的技能发展战略，更多地投资于其公民的教育和培训，并使提供的教育和培训与新兴部门所需的技能相一致。

女性和青年劳动力市场状况在短期内很难改善

该区域的女性继续面临着不如男性有利的劳动力市场状况。2018 年，女性失业

表 2.4

2007—2020 年阿拉伯国家的失业、就业增长、劳动生产率增长以及工作贫困的趋势和预测

地区/国家组别	失业率，2007—2020 年（%）					失业人口，2017—2020 年（百万人）			
	2007—2016 年	2017 年	2018 年	2019 年	2020 年	2017 年	2018 年	2019 年	2020 年
阿拉伯国家		**7.2**	**7.3**	**7.3**	**7.3**	**4.0**	**4.2**	**4.3**	**4.3**
GCC		3.9	4.0	4.0	4.0	1.1	1.2	1.2	1.2
非 GCC		10.7	10.8	10.8	10.7	2.9	3.0	3.1	3.1
	就业增长率，2007—2020 年（%）					劳动生产增长率，2017—2020 年（%）			
	2007—2016 年	2017 年	2018 年	2019 年	2020 年	2017 年	2018 年	2019 年	2020 年
阿拉伯国家		**2.9**	**2.4**	**2.4**	**2.4**	**-3.3**	**0.2**	**0.7**	**1.1**
GCC		2.6	2.5	2.4	2.3	-2.8	0.2	0.9	1.3
非 GCC		3.2	2.2	2.5	2.7	-4.3	0.0	0.2	0.7
	极度和中等工作贫困率，2017—2020 年（%）					极度和中等工作贫困人口，2017—2020 年（百万人）			
	2007—2016 年	2017 年	2018 年	2019 年	2020 年	2017 年	2018 年	2019 年	2020 年
阿拉伯国家		**15.8**	**15.9**	**16.0**	**15.9**	**8.1**	**8.4**	**8.6**	**8.8**
GCC		0.3	0.2	0.2	0.2	0.1	0.1	0.1	0.1
非 GCC		33.4	33.6	33.8	33.5	8.1	8.3	8.6	8.7

注：中等工作贫困率分别指，按购买力平价计算，每日人均收入或消费介于 1.90 美元和 3.20 美元之间，以及低于 1.90 美元的劳动者的比例。GCC = 海湾合作委员会，其成员国包括巴林、科威特、阿曼、卡塔尔、沙特阿拉伯和阿联酋。非 GCC 是指非海湾合作委员会，包括伊拉克、约旦、黎巴嫩、巴勒斯坦被占领土和也门。

资料来源：国际劳工组织模拟估算，2018 年 11 月。

率为 15.6%，几乎是男性失业率（5.7%）的 3 倍。这意味着，在阿拉伯国家，失业女性占总失业人口的三分之一，女性更容易失业。她们的劳动市场参与率在 2018 年约为 18%，比全球平均水平低了近 30 个百分点。在不久的将来，劳动力市场的性别差距不太可能缩小。相反，失业率的性别差距在 2018 年超过 10 个百分点，预计到 2020 年将会扩大。

与女性一样，该地区的青年（15—24 岁）也深受失业的困扰。2018 年，该地区的青年失业率为 20.1%，是成年人失业率的 4 倍。与成年人一样，青年在失业方面也存在相当大的性别差距。特别是，2018 年青年女性的失业率（34.4%）是青年男性的两倍。

尽管阿拉伯国家地区的大多数国家在过去十年里推行了社会保障方案，但法定社会保障的覆盖范围仍然很低，其中女性的覆盖率只有 34.8%，而总的人口覆盖率为 45.9%（ILO，2017a）。此外，许多非海湾合作委员会国家的难民危机和政治不稳定，以及海湾合作委员会国家的财政整顿努力，正在对该地区本已薄弱的社会保障制度产生不利影响，导致更大的脆弱性和贫困（同上）。

最后，值得注意的是，虽然海湾合作委员会国家实际上已经根除了工作贫困，但在非海湾合作委员会国家，中等和极度工作贫困率仍然很高，甚至还在继续上升。据估计，2018 年非海湾合作委员会国家 33%（830 万人）以上的劳动者生活在极度或中等贫困之中。

亚洲和太平洋地区

经济增长放缓但依然强劲，就业质量没有显著的改善

亚洲和太平洋地区的经济仍持续增长，尽管增速正在放缓。据估计，该地区2018年的产出增长了5.4%，低于2017年的5.6%。展望未来，预计2019年经济增长将略有下降，降至5.1%；2020年将再次回升。预计各次区域的增长各不相同，东亚的增长放缓幅度最大，2019年和2020年的增长率将略低于5%，是2009年以来的最低水平。这在很大程度上反映了中国的经济形势，2019—2020年中国的产出增长将稳定在6.2%，低于2018年的6.6%。南亚的增长率预计将保持在亚洲平均水平之上，2019年达到5.7%，2020年将进一步加快。这一地区将受益于印度的快速和加速增长，预计2019年和2020年印度的产出将分别增长7.4%和7.7%，而2017年仅为6.7%。在东南亚和太平洋地区，经济增长将保持稳定，2019年和2020年都将保持4.7%的增速。

据估计，2018年该地区的就业增长率为0.7%，比2017年下降了近0.5个百分点。就业创造率下降主要是受东亚的影响，2018年东亚的就业增长率在过去十年里首次出现负增长，这主要是由于劳动适龄人口萎缩以及高等教育入学率提高。[①] 另一方面，预计南亚、东南亚和太平洋地区的就业增长率将继续保持历史平均水平，2019年达到1.5%，2020年达到1.2%。

该地区的失业率预计将低于全球平均水平，2019年约为3.6%，2020年将保持这一水平。尽管如此，由于劳动力增速超过就业创造增速，失业人口将继续上升，到2020年将达到7230万人。在各次区域中，2018年失业率最高的是东亚（4.2%），并且预计未来几年仍将保持这一水平。2018—2020年，预计南亚的失业率将在3.1%上下徘徊，而东南亚和太平洋地区的失业率将小幅上升至3.0%，这主要是由于印度尼西亚失业率上升（见表2.5）。

在目前的经济转型模式下，体面工作不足的情况未得到改善

过去几十年来，亚洲和太平洋地区经历了快速的结构转型，就业机会越来越多地从农业部门转向附加值更高的经济部门。这一趋势在东亚尤为明显，自2000年以来，该地区农业在总就业中所占的比重下降了20多个百分点，劳动者大多都转向服务业，特别是市场服务业，还有少部分劳动者转向制造业。自2000年以来，东南亚和太平洋地区的就业也出现了显著的转移，主要是从农业转向服务业，但制造业就业所占比重略有上升，2018年达到13.5%。南亚的结构转型速度相对缓慢，2018年农业部门仍占总就业的43%；相比之下，制造业所占比重仅为12%，服务业约占32%，高于2000年的26%（见图2.9）。

① 关于亚洲和太平洋地区劳动力市场和社会前景的详细分析，参见ILO，2018c。

表 2.5

2007—2020 年亚洲和太平洋地区的失业、就业增长、劳动生产率增长以及工作贫困的趋势和预测

地区/国家	失业率，2007—2020 年（%）					失业人口，2017—2020 年（百万人）			
	2007—2016 年	2017 年	2018 年	2019 年	2020 年	2017 年	2018 年	2019 年	2020 年
亚洲和太平洋地区		**3.6**	**3.6**	**3.6**	**3.6**	**71.6**	**71.8**	**72.2**	**72.3**
东亚		**4.2**	**4.2**	**4.2**	**4.2**	**39.5**	**39.3**	**39.2**	**38.7**
日本		2.8	2.4	2.4	2.3	1.9	1.6	1.6	1.5
韩国		3.7	3.8	3.7	3.7	1.0	1.1	1.0	1.0
东南亚和太平洋地区		**2.9**	**2.9**	**3.0**	**3.0**	**10.0**	**10.2**	**10.4**	**10.7**
澳大利亚		5.6	5.4	5.3	5.4	0.7	0.7	0.7	0.7
印度尼西亚		4.2	4.3	4.4	4.5	5.4	5.6	5.8	6.0
南亚		**3.1**	**3.1**	**3.1**	**3.1**	**22.2**	**22.3**	**22.6**	**22.9**

地区/国家	就业增长率，2007—2020 年（%）					劳动生产增长率，2017—2020 年（%）			
	2007—2016 年	2017 年	2018 年	2019 年	2020 年	2017 年	2018 年	2019 年	2020 年
亚洲和太平洋地区		**1.1**	**0.7**	**0.6**	**0.6**	**4.4**	**4.7**	**4.5**	**4.3**
东亚		0.2	-0.2	-0.3	-0.3	5.3	5.4	5.1	4.8
东南亚和太平洋地区		1.2	1.3	1.2	1.2	3.5	3.4	3.3	3.3
南亚		2.2	1.6	1.5	1.5	3.9	5.0	4.8	4.7

地区/国家	极度工作贫困率，2007—2020 年（%）					极度工作贫困人口，2017—2020 年（百万人）			
	2007—2016 年	2017 年	2018 年	2019 年	2020 年	2017 年	2018 年	2019 年	2020 年
亚洲和太平洋地区		**5.9**	**5.6**	**5.2**	**4.9**	**108.7**	**102.6**	**96.7**	**90.9**
东亚		1.0	0.9	0.9	0.8	8.2	7.7	7.2	6.8
东南亚和太平洋地区		4.4	4.0	3.7	3.4	14.0	13.0	12.0	11.1
南亚		12.6	11.8	11.0	10.2	86.5	81.9	77.4	73.0

地区/国家	中等工作贫困率，2007—2020 年（%）					中等工作贫困人口，2017—2020 年（百万人）			
	2007—2016 年	2017 年	2018 年	2019 年	2020 年	2017 年	2018 年	2019 年	2020 年
亚洲和太平洋地区		**17.2**	**16.7**	**16.1**	**15.6**	**315.4**	**307.7**	**299.6**	**291.1**
东亚		5.9	5.5	5.2	4.9	48.5	45.5	42.7	40.3
东南亚和太平洋地区		14.7	13.9	13.1	12.4	46.6	44.7	42.8	40.8
南亚		32.1	31.3	30.3	29.3	220.3	217.6	214.1	210.0

注：中等和极度工作贫困率分别指按购买力平价计算，每日人均收入或消费介于 1.90 美元和 3.20 美元之间，以及低于 1.90 美元的劳动者所占比例。在计算区域和此区域的贫困率时，不包括高收入国家。本表所列国家的失业率可能不同于各国国家统计局报告的失业率，因为它们对失业的定义与国际劳工统计学家会议制定的标准不同。

资料来源：国际劳工组织模拟估算，2018 年 11 月。

图 2.9

2000 年和 2018 年亚洲和太平洋地区按经济部门划分的就业份额

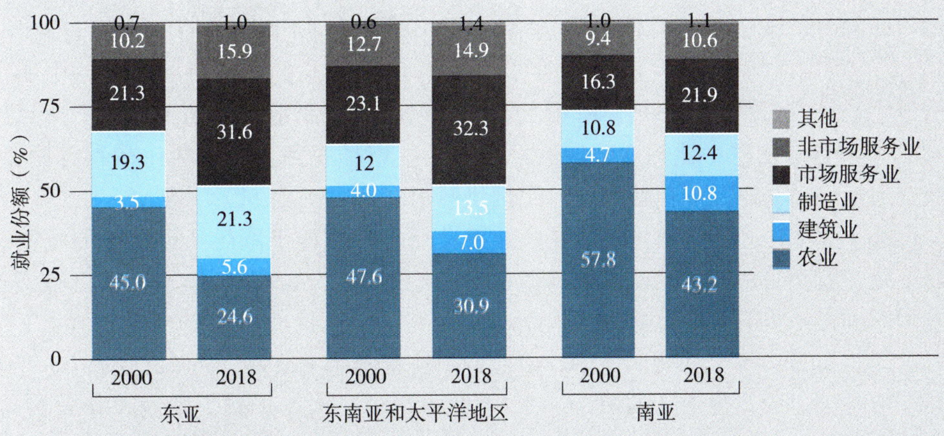

注：总体经济活动的类别载于 ILOSTAT 数据库的文件中（www. ilo. org/ilostat - files/Documents/description_ ECO_ EN. pdf）。

资料来源：国际劳工组织模拟估算，2018 年 11 月。

尽管该地区大多数国家采用的发展模式取得了重大进展，但似乎无法显著地降低该地区普遍存在的体面工作不足问题。在一些国家，尤其是在东亚，农业就业在很大程度上已让位于制造业和“现代”服务业，如房地产、商业和金融服务业，但在许多其他国家，大多数新增的就业机会是由低附加值的传统服务业创造的，而非正规性和工作条件恶劣的情况在这些行业普遍存在。这反映了一个事实：尽管劳动者不再从事农业，但脆弱的就业形式（如家庭帮工和自营工作）在过去几十年中并没有大幅下降。在亚洲和太平洋地区，这两种就业形式分别占总就业的 12% 和 40% 。

因此，该地区非正规就业的普遍程度仍然是全球最高的，近 70% 的劳动者处于非正规就业状态。在各次区域，南亚的非正规就业比例最高（约 90%），这主要是由于其农业部门庞大，其中几乎所有劳动者都属于非正规就业。东南亚和太平洋地区的非正规就业发生率也很高，四分之三的就业人口属于非正规就业，在柬埔寨、印度尼西亚和缅甸等国家，这一比例更高，达到 85% 以上（ILO, 2018a）。

然而，有薪工作并不能确保良好的工作条件。该地区相当大比例的雇员缺乏工作保障、收入稳定或书面劳动合同等优势。例如，人们发现，在可获得数据的国家，40%—60% 的有薪劳动者没有签订书面劳动合同，另有 20%—40% 的劳动者从事临时工作（ILO，2018c）。

此外，在一些国家，临时工作所占份额依旧很大。例如，在孟加拉国、印度尼西亚和巴基斯坦，70%—80% 的工薪雇员从事临时工作。① 临时工作发生率最高的是建筑业，其比例从柬埔寨的 21% 到印度尼西亚和越南的 89% 以上不等。临时工作在制造业中所占比例也很大，其中 20% 的劳动者从事临时工作，峰值为 60%（印度尼西亚和越南）（见图 2. 10）。临时工作在市场服务业中所占的份额较小，而且在各

① 国际劳工组织对临时就业的定义包括一个雇主和一个雇员之间的定期、定向或基于任务的合同雇用安排，其特点是有限期限或是有标志合同终止的事件（如项目的完成）。它还包括临时工作，即短期地、偶尔地或间歇性地雇佣劳动者，通常是固定的小时数、天数或周数。

国之间更加同质化，但在某些行业中的占比仍然很大，如交通运输、仓储和通信以及住宿和食品服务业。非市场服务业的情况也类似，临时工约占总就业的 20%。教育、卫生及相关社会活动是使用临时工最为普遍的两个部门。

与此同时，该地区有数百万劳动者的工作时间过长（即每周工作超过 48 小时）。尽管各国之间存在一些差异，但报告工作时间过长的劳动者在制造业中所占比例最大。在孟加拉国、柬埔寨和缅甸，30%—50% 的制造业劳动者每周工作超过 48 小时。服务业的这一比例通常较低，但在某些市场服务业，包括住宿和餐饮业，以及交通运输、仓储和通信业，这一比例仍然很高（见图 2. 11）。

近几十年来，经济高速增长以及农业就业所占比例的下降导致该地区的贫困率迅速下降，特别是东亚。然而，普遍存在的非正规工作和体面工作不足都阻碍了工作贫困率的进一步下降。总体而言，亚洲和太平洋地区超过 22% 的劳动者（4. 1 亿人）处于极度或中等工作贫困之中。南亚的工作贫困率尤其高，近 12% 的劳动者生活在极度贫困之中，另有 31% 生活在中等贫困之中。这意味着，该地区有 2. 17 亿名劳动者处于极度或中等工作贫困，占该地区所有工作贫困人口的 70%。相反，东亚的极度工作贫困几乎已经消除，但该地区仍有 4500 万名劳动者处于中等贫困状态。

然而，值得注意的是，该地区若干国家已大幅度扩大社会保障范围，尤其是扩大到自营职业者和非正规经济部门的劳动者（ILO，2017a）。中国和泰国等国实行了全民养老金和医疗保险制度，而蒙古则实行了全民儿童福利计划。据估计，中国 63% 的人口以及蒙古国 72% 的人口都享有某种形式的社会保障。然而，在贫困率最高的国家，社会保障覆盖面仍然极低。例如，在印度，只有不到五分之一的人口享有某种形式的社会保障（同上）。

图 2. 10

最近年份亚洲和太平洋地区各行业临时就业占总就业的比重

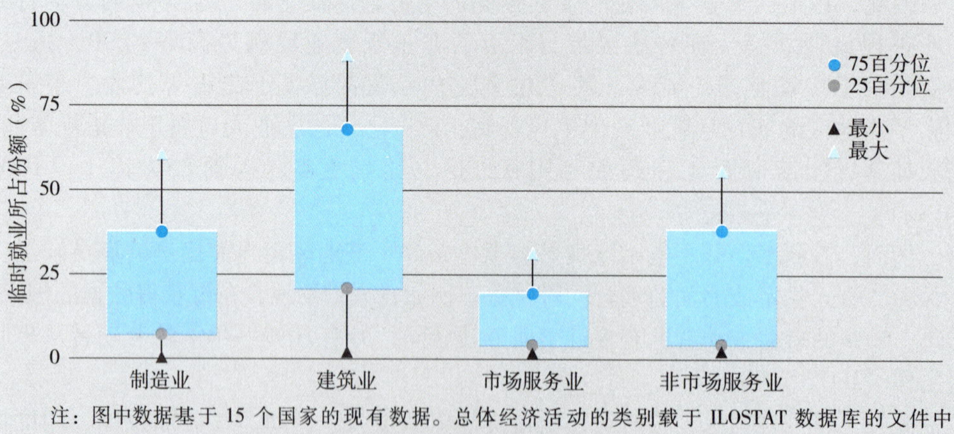

注：图中数据基于 15 个国家的现有数据。总体经济活动的类别载于 ILOSTAT 数据库的文件中（www. ilo. org/ilostat – files/Documents/description_ ECO_ EN. pdf）。

资料来源：国际劳工组织统计局对微观数据的处理。

图 2.11

最近一年孟加拉国、柬埔寨、印度尼西亚、蒙古、缅甸和越南部分部门工作时间过长的劳动者所占比例

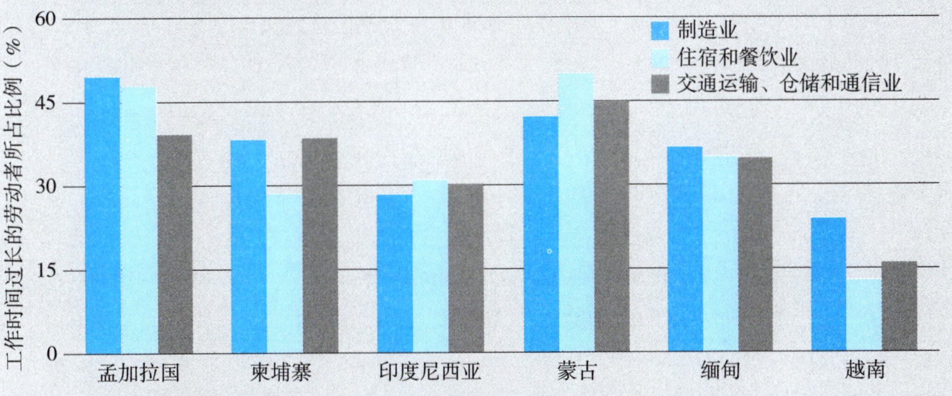

注：总体经济活动的类别载于 ILOSTAT 数据库的文件中（www. ilo. org/ilostat - files/Documents/de-scription_ ECO_ EN. pdf）。

资料来源：国际劳工组织统计局对微观数据的处理。

欧洲和中亚

北欧、南欧和西欧

失业率处于十年来的最低水平，但预计就业增长将减缓

私人投资的反弹和私人需求的增强是北欧、南欧和西欧经济增长的主要驱动力，2018 年总产出增长了 2.0%，虽然低于 2017 年的 2.3%。预计该地区的产出增长将进一步放缓，到 2019 年达到 1.8%，2020 年为 1.6%。

预计该次区域的经济增长仍将保持一致，各国之间的增长差异较小。特别是，预计 2019 年法国、德国和英国的实际产出增长率将介于 1.5%—1.9% 之间，荷兰、西班牙和瑞典的实际产出增长率将超过 2%。但在希腊和意大利等失业率相对较高的国家，预计经济增长仍将过于疲弱，无法带来劳动力市场的显著改善。

预计新增就业的速度将在预测期内放缓，从而抑制私人消费，而私人消费是 2016—2018 年 GDP 增长的主要驱动力之一。事实上，虽然就业人数（2018 年为 2.03 亿人）从未如此之多，但预计该次区域的就业增长率将大幅放缓，2019 年仅增长 0.4%，低于 2018 年的 0.8%，以及 2016 年和 2017 年的 1.3%。

尽管产出和就业增长预计将减速，但直至 2020 年失业率将继续下降，主要原因是劳动力增长停滞。然而，失业率下降的速度将比过去几年慢。因此，估计该次区域的失业率在 2018 年达到 7.6%，低于 2017 年的 8.3%；预计在 2019 年这一比例将进一步下降至 7.3%，2020 年降至 7.1%。这意味着，到 2020 年，失业人口将减少约 110 万人（见表 2.6）。

表 2.6

2007—2020 年北欧、南欧和西欧的失业、就业增长和劳动生产率增长的趋势和预测

地区/国家	失业率，2007—2020 年（%）					失业人口，2017—2020 年（百万人）			
	2007—2016 年	2017 年	2018 年	2019 年	2020 年	2017 年	2018 年	2019 年	2020 年
北欧、南欧和西欧		**8.3**	**7.6**	**7.3**	**7.1**	**18.4**	**16.8**	**16.1**	**15.7**
法国		9.4	9.2	9.1	8.9	2.8	2.8	2.8	2.7
德国		3.7	3.4	3.2	3.1	1.6	1.5	1.4	1.3
意大利		11.2	10.2	9.2	8.9	2.8	2.6	2.3	2.2
英国		4.3	4.0	3.8	3.7	1.5	1.3	1.3	1.3
	就业增长率，2007—2020 年（%）					劳动生产率增长率，2017—2020 年（%）			
	2007—2016 年	2017 年	2018 年	2019 年	2020 年	2017 年	2018 年	2019 年	2020 年
北欧、南欧和西欧		**1.3**	**0.8**	**0.4**	**0.1**	**0.9**	**1.3**	**1.5**	**1.5**

注：本表所列国家的失业率可能不同于各国国家统计局报告的失业率，因为它们对失业的定义与国际劳工统计学家会议制定的标准不同。

资料来源：国际劳工组织模拟估算，2018 年 11 月。

2018 年，该地区所有国家的失业率都普遍下降。尤其是希腊（－2.3 个百分点）、葡萄牙（－2.0 个百分点）和西班牙（－1.7 个百分点），这三个国家 2017 年的失业率都高于该次区域的平均水平。比利时、芬兰和意大利等其他国家的失业率的降幅也十分明显，2018 年的降幅在 0.7% 至 1.0% 之间。然而，预计 2019 年失业率下降的速度会大幅放缓，届时只有希腊的失业率会下降 1 个百分点。

尽管自 2015 年以来，北欧、南欧和西欧的失业数据有了显著改善，但长期失业率仍然很高。该次区域有一半的国家，如德国和法国等一些大国，2017 年超过 40% 的失业者找工作的时间超过 12 个月或更长。在希腊（2017 年为 72.8%）、意大利（58%）和斯洛伐克（62.4%）等国，这一比例尤其高，并呈上升趋势。

最后，该次区域劳动力利用率不足的程度始终高于简单的失业统计评估所建议的水平。2018 年只有 57.7% 的 15 岁及以上的人进入劳动力市场。这一比例在女性（51.8%）和青年（43.6%）中更低。此外，还有相当多的人属于“潜在劳动力”，即虽然他们与劳动力关系不大，但实际上表示出有兴趣从事某项工作（关于这一术语的定义，参见第 1 章）。2018 年，该次区域共有 1020 万人，其中 56% 是女性，她们要么有能力工作但没有找工作，要么正在找工作但在短时间内无法开始工作。尽管自 2014 年以来，劳动力利用率不足的情况随着失业率的下降而有所下降，但潜在劳动力数量在预期范围内将略有增加。因此，有必要采取有针对性的政策措施，以加强丧志劳动者和负有家庭责任的妇女对劳动力市场的依恋。

可获得的工作质量低下和劳动力市场的长期不平等是值得关注的问题

北欧、南欧和西欧的就业人数从未如此之多。至于失业率，预计 2019 年将连续第六年下降，打破 2008 年的纪录。在这种背景下，创造的工作质量之差和劳动力市场长期的不平等仍是引起关注的主要原因。

图 2.12

2017 年北欧、南欧和西欧国家按合同期限划分的临时就业合同分布情况

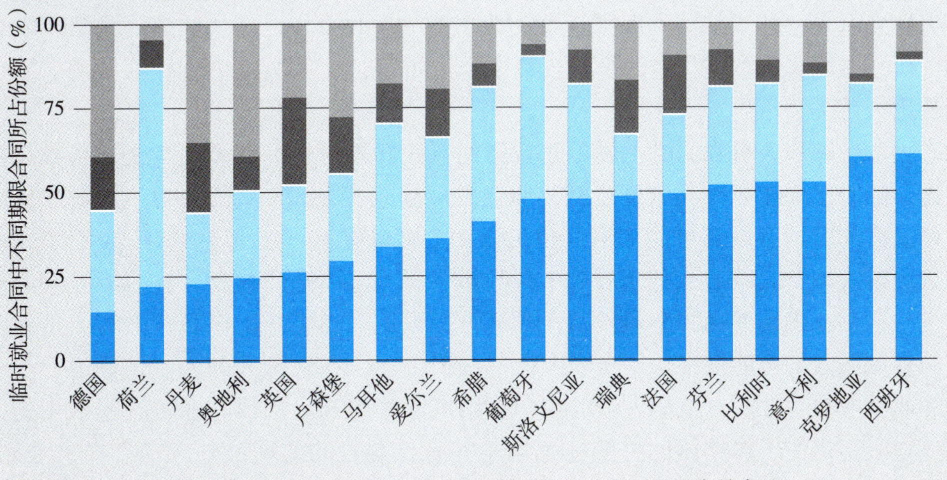

资料来源：国际劳工组织基于 Eurostat 数据的计算。

特别是，该次区域若干国家的临时就业发生率在 2014—2016 年稳定之后又再次上升。西班牙临时工占总就业人口的比例正在大幅度增加，2017 年达到 26.8%，为 2008 年以来的最高水平；法国（2017 年为 16.8%）、意大利（15.5%）和荷兰（21.7%）的情况也是如此。

在分析临时工占总就业人口的比例时，应当注意临时就业的性质因国家而异。如前所述，临时就业包括定期合同、项目合同或任务合同、临时工作和临时代理工作。不同国家劳动合同的平均期限存在较大的差异，这清楚地反映了临时就业的差异。因此，2017 年，在比利时、芬兰、意大利和西班牙，为期 6 个月或更短时间的临时工作合同占临时合同的一半以上，但德国的这一比例仅为 15%，奥地利、丹麦和英国则不到 30%。同样，后者国家的劳动者更有可能获得两年以上的临时就业合同。的确，在德国、奥地利和丹麦，为期两年以上的临时就业合同占所有临时就业合同的三分之一以上，而在法国、西班牙和葡萄牙，这一比例不到 10%（见图 2.12）。

短期临时合同的普遍存在会加剧劳动者的不安全感，特别是加剧其收入的不稳定性以及阻碍其职业发展。有证据表明，工作合同的期限越短，贫困率就越高（Amuedo - Dorantes 和 Serrano - Padial，2005）。因此，临时就业合同平均期限相对较短的国家更有可能出现较高的非自愿临时就业率，也就不足为奇了。例如，在西班牙，85% 以上的临时工从事临时工作，因为他们无法找到一份长期工作。在比利时、希腊和意大利，这一比例超过了 75%。相反，在奥地利，非自愿临时就业占总临时就业的比例低于 10%，德国的这一比例约为 15%，荷兰约为 30%。

2017 年，该次区域创造的就业机会中约有 20% 是兼职。一些中欧和北欧国家的兼职就业比例最高，其中包括奥地利（27.9%）、德国（26.9%）、荷兰（49.8%）和英国（24.9%）。然而，自 2008 年全球金融危机爆发以来，兼职就业人数增幅最大的是南欧国家，特别是希腊和意大利。

值得注意的是，近三分之一的兼职是非自愿的，这是因为求职者无法找到一份全职工作。在希腊、意大利和西班牙等南欧国家，非自愿兼职尤其常见，这些国家

60% 以上的兼职人员是非自愿的。[①] 然而，缺乏全职工作机会并不是劳动者（尤其是女性）从事兼职工作的唯一原因。事实上，34% 以上的女性由于要承担家庭相关责任而从事兼职工作，如照顾子女或无行为能力的成年人等。相比之下，只有 16% 的男性表示自己处于相同的原因从事兼职工作（见图 2.13）。这些调查结果再次强调了旨在减轻家庭责任负担的公共政策措施的重要性，因为家庭责任往往阻碍女性充分进入劳动力市场。

大部分兼职人员和临时工属于非自愿的，这并不奇怪。毕竟，与全职长期合同相比，临时工和兼职往往工资更低，职业发展前景更差（EC，2018）。因此，从事这些工作的劳动者更有可能从事低薪工作，工资也更有可能低于相对贫困线。“在职贫困风险率”是指收入低于收入中位数 60% 的劳动者所占比例，在临时工和兼职人员中这一比例始终高于全职长期合同职员。因此，在整个次区域，兼职人员面临在职贫困风险的可能性平均是全职人员的两倍以上。在西班牙和希腊等国家，非自愿兼职就业更为普遍，兼职人员的在职贫困风险率最高。同样，在可获得数据的国家，临时工遭受工作贫困的可能性平均是签有长期合同的职员的三倍。在奥地利、德国、意大利和瑞典，约 20% 的临时工面临贫困风险。在这方面值得注意的是，在奥地利和德国等一些临时工作合同平均期限相对较长的国家，临时工的相对在职贫困率，即收入低于中位收入 60% 的人的比例也很高。最后，考虑到该次区域约有 15% 的劳动者是个体经营者，因此也需要考虑这一群体中相对较高的工作贫困率，特别是那些自营劳动者（Horemans 和 Marx，2017）。据统计，2017 年法国、德国、希腊、意大利和西班牙有 17%—23% 的个体经营者面临贫困风险。[②]

在北欧、南欧和西欧的大多数国家，临时工、兼职或个体经营者的脆弱性因以下事实而加剧：他们并不总是能够获得充分的法定社会保障，要么是因为被排除在强制性保险缴款之外（主要是个体经营者），要么是因为难以达到资格标准或难以承担自愿保险的高昂费用（EC，2018；ILO，2017a）。除此之外，该次区域 14% 以上的劳动者是非正式员工，因此没有被纳入国家社会保障计划。非正规性主要影响

图 2.13

2017 年北欧、南欧和西欧按兼职工作的原因和性别划分的兼职人员的比例

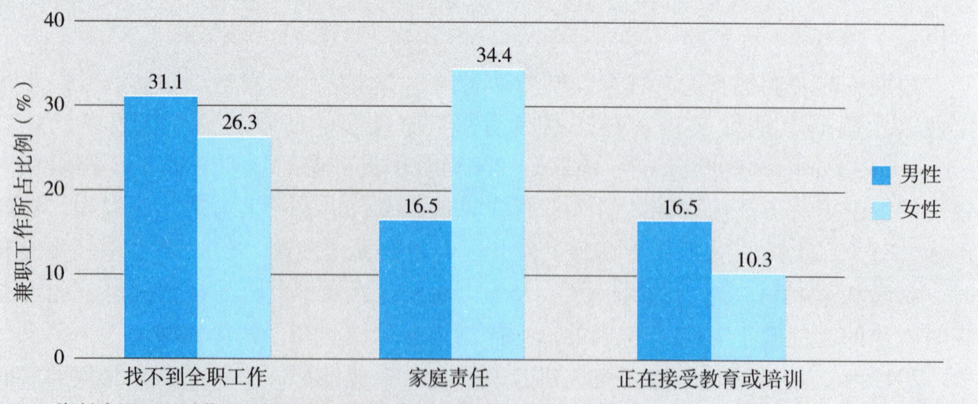

资料来源：国际劳工组织基于 Eurostat 数据的计算。

① 此处的非自愿兼职工作和临时工作所占比例的数据来自欧盟统计局（Eurostat）。

② 此处的按就业合同类型划分的在职贫困风险率统计数据来自欧洲统计局（Eurostat）。

自营劳动者、青年和受教育水平较低的劳动者（ILO，2018a）。

根据最近欧盟的倡议，如欧洲社会权利支柱，该次区域的一些国家已经采取行动，将社会保障的覆盖范围扩大到受保护程度较低的就业形式的劳动者（EC，2018）。然而，在获得社会保障方面，从事长期全职工作的劳动者与从事其他就业形式的劳动者之间往往存在着巨大的差距。鉴于最近通过数字劳动平台获取工作的人数有所增加，缩小这些差距正成为一项日益紧迫的任务。虽然目前对这些新形式就业相关性的估计只是初步的，但值得注意的是，大约8%的成年人使用在线平台提供劳动服务，约6%的人每周至少从事10小时这类工作，或以这种方式获得的收入占其总收入的25%以上（Pesole 等，2018）。

东欧、中亚和西亚

东欧就业萎缩以及中亚和西亚经济增长放缓阻碍了劳动力市场的改善

从国际角度来看，东欧的经济增长仍然强劲，但预计在未来几年经济增长速度将减慢。2018 年产出增长率估计为 2.7%，预计到 2020 年将逐步降至 2.3%。这种持续的经济增长在很大程度上是由于俄罗斯强劲的经济活动所带来的，产出预计将实现三年连续增长，2019 年将增长 1.8%。尽管经济前景有所改善，但预计该次区域的就业增长将进入负增长，2019 年和 2020 年就业人口将减少 0.7%。然而，由于劳动力数量将以更快的速度下降，2018—2020 年每年下降 1%，失业率实际上将会超出预测范围，延续 2014 年开始的下降趋势。特别是，预计 2019 年该次区域的失业率将保持在略低于 5% 的水平，到 2020 年将降至 4.8%。这一降幅在该次区域各国中广泛存在，保加利亚、匈牙利、波兰、斯洛伐克以及罗马尼亚和俄罗斯的失业率预计都会小幅下降。总体而言，强劲的经济增长和不断下降的就业水平正在促使劳动生产率恢复增长。据估计，2018 年劳动生产率的增长达到 3%，是 2011 年以来的最高水平。预计 2019—2020 年劳动生产率增幅将保持在略低于 3% 的水平。因此，该次区域若干国家的工资增长预计将保持强劲，因为在劳动力市场趋紧和通货膨胀加剧的背景下，雇主会努力满足高工资的要求。

预计中亚和西亚的产出增长将大幅放缓，2019 年达到 1.8%，而 2018 年为 3.6%，2017 年为 6.1%。不过，预计到 2020 年经济增长将再次加速，达到 3.1%。土耳其消极的经济前景是阻碍该地区经济前景的主要因素。因此，预计土耳其 2019 年的产出增长率仍将不足 1%，低于 2018 年的 3.5%。中亚石油出口国的持续增长只能部分抵消这一损失。在这些国家，在预测的范围内，年平均增长率将稳定在 4%；然而，这远远低于过去十年的增长速度。

由于预期经济活动放缓，中亚和西亚的就业增长在未来几年也将放缓。特别是，预计 2019 年的就业增长将减半（从 2018 年的 1.2% 降至 0.6%），不过 2020 年将出现部分反弹。尽管就业增长仍是正数，但创造就业机会的速度跟不上劳动力的增长速度，预计 2018—2020 年劳动力的平均增长率将达到 1.2%。因此，该次区域的失业率将在 2019 年达到 8.7%，是自 2009 年以来的最高值，并在次年继续增长，到 2020 年将接近 9%。这一趋势主要反映了土耳其劳动力市场状况的不断恶化，预计该国的失业率将在预测范围内徘徊在 12% 左右，高于 2018 年的 10.9%。该次区域其他国家的失业率将保持或多或少的稳定；但是，产出增长放缓可能导致哈萨克斯坦和塔吉克斯坦等石油出口国的失业率略有上升（见表 2.7）。

表 2.7

2007—2020 年东欧、中亚和西亚的失业、就业增长、劳动生产率增长和工作贫穷的趋势和预测

次区域/国家	失业率，2007—2020 年（%）					失业人口，2017—2020 年（百万人）			
	2007—2016 年	2017 年	2018 年	2019 年	2020 年	2017 年	2018 年	2019 年	2020 年
东欧		**5.7**	**5.2**	**5.0**	**4.8**	**8.3**	**7.4**	**7.1**	**6.8**
俄罗斯		5.2	4.7	4.5	4.4	3.9	3.5	3.3	3.1
中亚和西亚		8.1	8.2	8.7	9.0	6.2	6.4	6.9	7.1
土耳其		10.8	10.9	11.9	12.1	3.4	3.5	3.9	4.1
	就业增长率，2007—2020 年（%）					劳动生产率增长率，2017—2020 年（%）			
	2007—2016 年	2017 年	2018 年	2019 年	2020 年	2017 年	2018 年	2019 年	2020 年
东欧		**0.1**	**-0.4**	**-0.8**	**-0.8**	**2.7**	**3.1**	**2.9**	**2.6**
中亚和西亚		**2.3**	**1.3**	**0.6**	**0.8**	**3.6**	**2.8**	**2.9**	**2.8**
	极度和中等工作贫困率，2017—2020 年（%）					极度和中等工作贫困人口，2017—2020 年（百万人）			
	2007—2016 年	2017 年	2018 年	2019 年	2020 年	2017 年	2018 年	2019 年	2020 年
东欧		**0.1**	**0.1**	**0.1**	**0.1**	**0.1**	**0.1**	**0.1**	**0.1**
中亚和西亚		**13.7**	**13.3**	**13.0**	**12.5**	**9.1**	**9.0**	**8.8**	**8.5**

注：中等和极度工作贫困率分别指，按购买力平价计算，生活在每日均收入或消费介于 1.90 美元和 3.20 美元之间，以及低于 1.90 美元的家庭的劳动者的比例。工作贫困数据不包括高收入国家。本表所列国家的失业率可能不同于各国国家统计局报告的失业率，因为它们对失业的定义与国际劳工统计学家会议制定的标准不同。

资料来源：国际劳工组织模拟估算，2018 年 11 月。

在中亚和西亚经济多样化程度有限以及东欧普遍存在非正规有薪就业的背景下，非正规就业率仍然很高

在经历了过去十年的大幅增长——工资和有薪就业在总就业中所占的比例从 2008 年的 59.4% 增至 2018 年的 64.2%——之后，中亚和西亚地区的工资和有薪就业的增长正在放缓。该地区在将其工资和有薪就业的比例提高到与其他收入相当的国家相同水平方面遇到困难，主要是因为私营部门创造就业的速度缓慢以及多样化程度有限。事实上，目前的增长模式过度依赖石油和天然气出口、建筑和公共支出（IMF，2018e）。因此，相当多的劳动者继续从事低附加值的活动，他们往往是在非正规经济中从事自营工作或为家庭提供服务。这两种就业形式分别占总就业的 23.3% 和 8.8%。

因此，该次区域非正规就业占总就业的比例仍然很高，达到 43% 以上。特别是在一些中亚石油出口国，包括塔吉克斯坦（74.8%）和吉尔吉斯斯坦（48.6%）以及土耳其（34.8%），这一比率都很高。此外，非正规就业在女性中更为普遍：相应的比例达到 47%，而男性的这一比例为 41%（ILO，2018a）。这主要反映了这样一个事实，即该次区域的女性从事家务劳动的可能性是男性的三倍。

东欧非正规就业占总就业的 30% 以上，尽管不如中亚和西亚普遍，但与欧洲其他地区相比仍然很高。拥有正式工作的人中约三分之一的劳动者仍然参与一些非正规工作，这意味着近五分之一的雇员不能获得（或不能充分获得）社会保障计划的保障。与中亚和西亚不同的是，东欧地区的男性（34.4%）的非正规就业率高于女

性（28.4%）。在各个不同的国家，非正规就业率的差别很大，从波兰的38%、俄罗斯的36%到匈牙利的12.2%和捷克共和国的9.2%不等（ILO，2018a）。

此外，中亚和西亚约有12.5%的就业人口生活在极度或中等工作贫困之中。这一份额在未来几年内将继续下降，但降速将比过去有所减慢。在东欧，极度和中等工作贫困几乎已经消除。然而，衡量相对工作贫困的指标（即收入低于中位数60%的人口的比例）表明，工作贫困仍然是一个问题，特别是对于那些签订临时合同的人和个体经营者而言。例如，在保加利亚、塞浦路斯和匈牙利，面临工作贫困风险的临时工所占比例超过20%，波兰和斯洛伐克的这一比例略低于10%。不过，在个体经营者中，工作贫困发生率最高，其中保加利亚和匈牙利的这一比率超过50%。

第 3 章　可持续发展目标 8

世界是否正在朝着更具包容性的经济增长和体面工作迈进?

2015 年 9 月，联合国各成员通过了《2030 年可持续发展议程》。该议程中的 17 个可持续发展目标（SDG）取代了同年年底到期的千年发展目标（MDG），为全球经济和社会结构转型提供了宏伟的蓝图。① 虽然千年发展目标被普遍认为是一个传统的南北援助议程，但可持续发展目标消除了更多利益攸关方的担忧，特别是民间社会和人权组织。这种更广泛的参与对于应对与治理、经济增长、女性权利、环境退化、体面工作以及社会内部和社会间的不平等有关的一系列深刻的结构性挑战而言是必要的（Dorling，2017；Fukuda－Parr，2016；ILO，2018i）。这 17 个目标反映了所有国家（无论其发展水平如何）对未来的展望，这些都基于以下支柱：人（人类发展）、地球（环境可持续性）、繁荣（包容性经济增长和转型）和伙伴关系（国际合作）（Gore，2015）。

《2030 年可持续发展议程》高度重视体面工作，在国际劳工组织体面工作议程的基础上将其纳入议程。虽然可持续发展目标涵盖了后者的部分内容，但体面工作是可持续发展目标 8（SDG8）的核心内容，该目标呼吁各国“促进持久、包容和可持续经济增长，促进充分的生产性就业和人人获得体面工作”。鉴于实现这一目标对国际劳工组织自身任务的重要性，本章将对 SDG8 的内容进行研究，并利用现有数据审查各国在实现这一目标方面所取得的进展。

首先，本章概述了 SDG8 的相关目标和指标。其次，分列三节依次讨论下列各组指标：“经济增长、转型和生产力”，“人人实现充分和生产性就业，并做到同工同酬”，以及“权利、安全和非剥削性工作”。最后，为政策制定者提出了总结和建议。我们的分析基于国际劳工组织以往的研究，特别是在国际劳工组织监督下对可持续发展目标指标的广泛统计评估（ILO，2018i），以及根据亚洲和太平洋地区体面工作数据绘制的 SDG8（及相关目标）的图表（ILO，2018c）。

① 有关《2030 年可持续发展议程》的详情，请参见：https：//www.un.org/sustainabledevelopment/development－agenda/。

可持续发展目标 8：具体目标和指标

可持续发展目标 8（SDG8）包括 12 个具体目标，每个目标都有一个或多个相关的独立指标（见专栏 3.1）。[①] 大多数目标是定性的，如“根据各国国情维持人均经济增长”或“推行以发展为导向的政策，支持生产性活动”。然而，有些目标有具体可衡量的指标，如“将最不发达国家国内生产总值年增长率至少维持在 7%”，“根除强制劳动、现代奴隶制和贩卖人口”，以及“到 2025 年终止一切形式的童工”。从分析的角度来看，这种有形和无形目标的结合使提出实现 SDG8 进展的证据具有相当大的挑战性。然而，基本前提是，持续的人均经济增长与体面工作相结合将带来包容性增长。因此，各国应采取旨在促进增长和生产力（具体目标 8.1—8.4、8.10）、就业和体面工作（具体目标 8.5、8.6、8.9）以及核心劳工权利（具体目标 8.7、8.8）的政策组合，以创建一个持久、包容和可持续发展的框架。

特别是，SDG 8 设想“通过多样化经营、技术升级和创新，实现更高水平的经济生产力”。此外，可持续增长依赖于加强国内金融机构鼓励普惠金融的能力，以及增加向发展中国家，特别是最不发达国家提供的促贸援助支持。与此同时，追求经济增长不应以牺牲其他可持续发展目标为代价。这意味着采用一种更先进的经济增长模式，这种模式基于逐步改善全球消费和生产的资源的使用效率，以及经济增长与环境退化脱钩。为了充分实现 SDG8，有必要在提高增长率的同时，为所有男女，包括青年和残疾人提供体面工作机会。这包括确保同工同酬、保护劳工权利、创造安全的工作环境以及根除强制劳动、现代奴隶制和贩卖人口。此外，还要在所有就业领域创造体面工作机会，鼓励创业，推动微型和中小型企业实现正规化。

一些研究认为，SDG 8“叙述”的重点过于狭窄，因为减少不平等和建立强有力和有效的机构等任务对于实现这一目标也至关重要。对 SDG8 进展情况的评估还应考虑与 SDG10（“减少国家内部和国家之间的不平等”）和 SDG5（“实现性别平等，增强所有妇女和女童权能”）有关的指标（见 ILO，2018c，58 – 62；Luebker，2017）。可以说，一套更广泛的核心目标和相关目标，即被称为“可持续发展目标 8 +”（SDG8 +）的扩展目标，为寻求促进体面工作和包容性经济发展的国家和国际决策者提供了一个更有用的蓝图（和分析框架）。

虽然我们承认扩展的“SDG8 +”框架的优点，但在本章中我们将集中讨论 12 个最初的 SDG8 的具体目标及其相关指标，以便保持在本报告的具体范围之内。但值得强调的是，国际劳工组织完全支持探讨可持续发展目标各项指标之间复杂的相互关系，作为落实 2030 年议程的一部分，特别是为了更好地理解那些与追求人人享有体面工作相关的指标。国际劳工组织是可持续发展目标指标的监管机构之一，根据其《体面工作议程》，特别关注与 SDG8 有关的指标（详情见 ILO，2018i）。因此，国际劳工组织打算在 2019 年 7 月召开的联合国可持续发展高级别政治论坛会议之前发布一份更深入的 SDG8 评估报告。此报告将仔细研究 SDG8 与其他可持续发展目标之间的各种交叉联系。

① 有关可持续发展目标 8（SDG8）的概览，可参见：http：//www.undp.org/content/undp/en/home/sustainable – development – goals/goal – 8 – decent – work – and – economic – growth.html。

专栏 3.1

可持续发展目标 8 的具体目标和指标

具体目标	指标
8.1 根据各国国情维持人均经济增长，特别是将最不发达国家国内生产总值年增长率至少维持在 7%	8.1.1 实际人均 GDP 年增长率
8.2 通过多样化经营、技术升级和创新，包括重点发展高附加值和劳动密集型行业，实现更高水平的经济生产力	8.2.1 实际每个雇员 GDP 年增长率
8.3 推行以发展为导向的政策，支持生产性活动、体面就业、创业精神、创造力和创新；鼓励微型和中小型企业通过获取金融服务等方式实现正规化并成长壮大	8.3.1 按性别划分的非正规就业在非农业就业中的比例
8.4 到 2030 年，逐步改善全球消费和生产的资源使用效率，按照《可持续消费和生产模式方案十年框架》，努力使经济增长和环境退化脱钩，发达国家应在上述工作中做出表率	8.4.1 物质足迹、人均物质足迹和单位 GDP 的物质足迹 8.4.2 国内物质消费、人均国内物质消费和单位 GDP 的国内物质消费
8.5 到 2030 年，所有男女，包括青年和残疾人实现充分和生产性就业，有体面工作，并做到同工同酬	8.5.1 按职业、年龄和残疾人士划分的男女雇员平均时薪 8.5.2 按性别、年龄和残疾人划分的失业率
8.6 到 2020 年，大幅减少未就业和未受教育或培训的青年的比例	8.6.1 未就业和未受教育或培训的青年（15—24 岁）的比例
8.7 立即采取有效措施，根除强制劳动、现代奴隶制和贩卖人口，禁止和消除最恶劣形式的童工，包括招募和利用童兵，到 2025 年终止一切形式的童工	8.7.1 按性别和年龄划分的 5—17 岁儿童中童工的比例和人数
8.8 保护劳工权利，推动为所有劳动者，包括移民工人，特别是女性移民和没有稳定工作的人创造安全和有保障的工作环境	8.8.1 按性别和移民身份划分的致命及非致命职业伤害的发生率 8.8.2 根据国际劳工组织（ILO）文本来源和国家立法，按性别和移民身份划分的各国遵守劳工权利（结社自由和集体协商自由）的程度
8.9 到 2030 年，制定和执行推广可持续旅游的政策，以创造就业机会，促进地方文化和产品	8.9.1 GDP 中由旅游业直接创造的部分占总 GDP 的比重和增长率 8.9.2 可持续旅游产业就业占总旅游就业的比例
8.10 加强国内金融机构的能力，鼓励并扩大全民获得银行、保险和金融服务的机会	8.10.1 （1）每 10 万成人中商业银行分行的数量；（2）每 10 万成人中自动柜员机的数量 8.10.2 在银行或其他金融机构或移动货币服务提供商拥有账户的成年人（15 岁及以上）的比例
8.a 增加向发展中国家，特别是最不发达国家提供的促贸援助支持，包括通过《为最不发达国家提供贸易技术援助的强化综合框架》提供上述支持	8.a.1 贸易承诺和支付援助
8.b 到 2020 年，拟定和实施青年就业全球战略，并执行国际劳工组织的《全球就业契约》	8.b.1 为青年就业制定并实施的国家战略，作为一项独立的战略或作为国家就业战略的一部分

资料来源：《2030 年可持续发展议程全球可持续发展目标指标框架》：https://unstats.un.org/sdgs/indicators/indicators－list/。

我们没有逐一审议 SDG8 的 12 个具体目标所取得的进展，而是决定将这些目标集中在一个大的主题之下。在本节中，我们将讨论经济增长、转型和生产力。联合国根据学术和政策辩论中就可持续的和包容性增长的可取性达成的共识，将经济增长列入 SDG 8 的具体目标，特别是为了应对迫切的挑战，如需要进行生产转型、非正规经济发生率高、劳动者被排除在财政资源之外、环境退化和最贫穷国家生活水平低等问题（Brown，2011；ILO，2018a；Lopes，2019；Paus，2018）。本节涵盖了五个 SDG8 的具体目标，确定了经济增长的核心议程。但是，应当指出的是，在随后两节讨论的具体目标方面所取得的进展（或缺乏进展）也对一国的经济产生了很大的影响。

SDG8 要求改善维持人均经济增长和生产力等核心经济变量的表现情况（目标 8.1、8.2）。最不发达国家的另一个目标是国内生产总值年增长率维持在 7%，以缩小与其他国家在生活水平方面的差距。① 此外，所有国家提高生产力的动力都是“多样化经营、技术升级和创新”。与这种特定增长形式相关的是，预期应以“推行以发展为导向的政策，支持生产性活动”（目标 8.3）为基础，并要求转变经济模式，以鼓励正规化、创业精神和获取金融服务。确定了改善消费和生产的环境资源使用效率的必要性（目标 8.4）。最后，需要改善获取金融服务的机会，以鼓励包容性经济增长（目标 8.10）。那么，世界如何应对这些目标呢？我们可以根据现有数据得出什么结论？

目标 8.1 中关于维持人均经济增长的定性指标表明，有必要根据历史增长率制定基准；然而，“根据各国国情”这一表述留下了一些解释的余地。直截了当的办法是研究全球趋势，特别应注意最不发达国家，因为这些国家还有一个额外的目标，即 GDP 年增长率应至少达到 7%（见图 3.1）。2000 年以来的增长趋势被 2008—2009 年的全球金融危机打断，这场危机对中高收入和高收入国家的打击尤为严重。在危机爆发前的四年中，世界经济作为一个整体，人均 GDP 年增长率约为 4%，在此后的十年里，这一增长率减半至略高于 2%。在整个期间内，中高收入和中低收入国家的平均表现较好，但低收入和高收入国家的表现则较差。鉴于总体目标是使发展中国家的生活水平与发达国家趋同，但 2011—2018 年低收入国家的糟糕表现令人十分担忧，其人均年增长率仅为 2.4%。此外，在图 3.1 所涵盖的 18 年中，除五个年份外，其余年份最不发达国家的 GDP 年增长率都低于 7%。事实上，2011—2018 年的平均水平为 4.8%，大大低于目标 8.1 所规定的标准。

目标 8.2 要求“实现更高水平的经济生产力”。就整个世界而言，人均实际 GDP 的年增长率（即劳动生产率增长）与上文讨论的人均 GDP 年增长率的趋势相似。劳动生产率增长已从 2009 年的低谷回升，但尚未恢复到危机前几年所观察到的较高水平（见图 3.2）。不同收入组别国家劳动生产率增长率的差异仍然很大。此外，可以看出，中等收入国家（大多数位于东亚和南亚）之间可能存在明显的差异，它们仍在追赶高收入国家，而低收入国家则再次落后。这与危机前所观察到的变化形成了鲜明对比，当时离生产力前沿最远的国家——尤其是在撒哈拉以南非洲——也是生产力增长率最高的国家。

---

① 对于一些最不发达国家来说，即使它们的年增长率超过 7%，缩小差距仍然需要很长时间。例如，布隆迪目前的人均 GDP 为 702 美元（按购买力平价计）；按每年 7% 的人均 GDP 增长率计算，大约需要 25 年才能达到中高收入国家的水平。

图 3.1

2000—2018 年全球和按国家收入组别划分的实际人均 GDP 年增长率

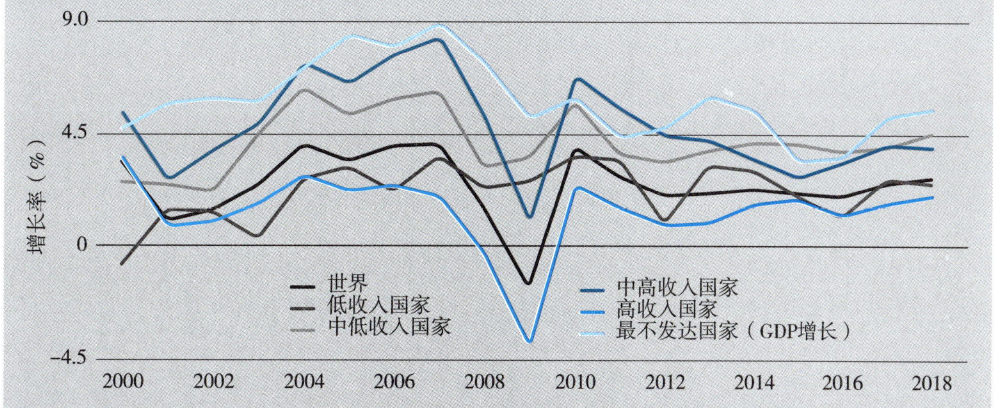

注：对于最不发达国家而言，用 GDP 年增长率代替实际人均 GDP 增长率。

资料来源：国际劳工组织基于联合国（2017a）和 IMF（2018a）的计算。

图 3.2

2000—2018 年全球和按国家收入组别划分的实际每个劳动者 GDP 年增长率

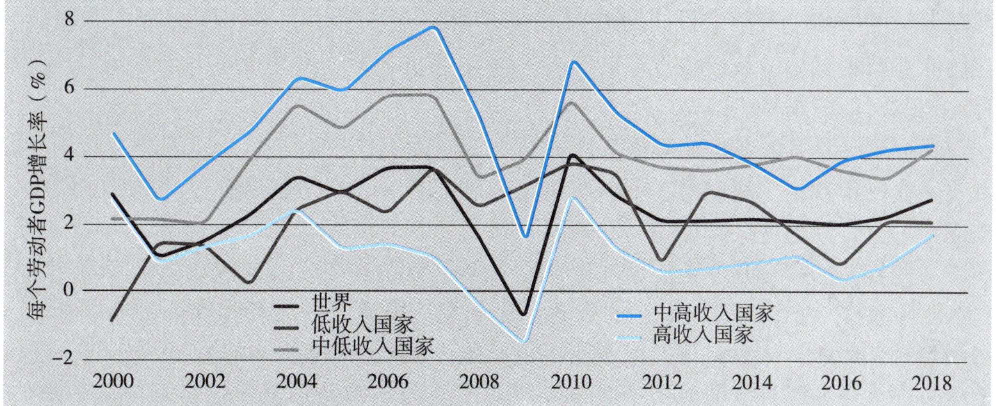

资料来源：国际劳工组织模拟估算，2018 年 11 月。

由于目标 8.2 的重点是“多样化经营、技术升级和创新”，因此需要更全面的数据来确定生产力的提高是否有利于持久和可持续的增长（见 Nübler，2018；Pollin，2018）。由于本章篇幅有限，我们只能指出某些阻碍生产力水平提升的关键因素。有时各国可以通过融入全球供应链来实现更大的劳动生产率增长，但这之间没有必然性的关系。事实上，需要进行更多的研究，以确定哪些类型的全球供应链能够提升一国各级供应链企业的生产力。当我们在审视一个国家未能赶上其他国家的原因时，国家的脆弱性是一个关键因素，如由于政治不稳定、环境脆弱或缺乏经济多样化而造成的脆弱性。此外，全球大宗商品价格周期的趋势对一些国家也产生了非常强烈的影响。21 世纪初，在发达经济体强劲增长和有利的融资条件的推动下，初级商品价格暴涨为处于不同经济发展水平的国家（特别是最不发达国家）开辟了国际贸易和增长机会，这些国家的初级商品出口量大幅度增加。然而，全球金融危机急剧扭转了这一趋势。随之全球贸易扩张速度减慢，以前受益于出口驱动型增长

图 3.3

最近一年按性别和国家收入组别划分的非正规就业在非农业就业中所占比例

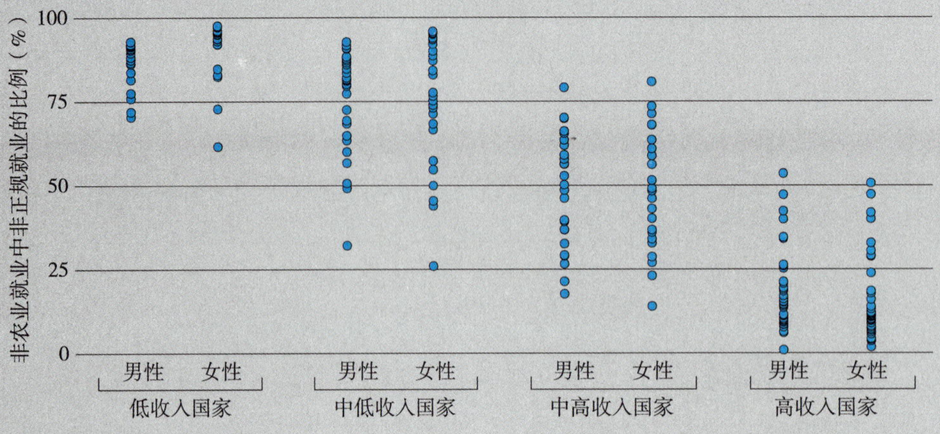

注：每个数据点对应一个国家。

资料来源：ILOSTAT 数据库（2019 年 1 月查阅）。

的低收入和中低收入国家陷入困境（UNCTAD，2013）。然而，过去同样依赖出口来推动增长的中高收入国家设法改变路线，开始将经济增长的来源转向国内。因此，它们能够减轻贸易增长放缓带来的影响，并在危机之后恢复更快的增长，尽管还没有达到危机前的水平。

目标 8.3 具有潜在的变革性，因为它强调体面工作、创业精神、创造力和创新，以及企业的正规化。我们将在下一节讨论体面工作，但创业、创造力和创新等领域被搁置一边，因为这些领域需要在国家一级进行更详细的审查，这在本书中很难实现。与此相关的指标是非正规就业中非农业劳动者的比例（见专栏 3.1）。① 正如第 1 章所指出的，全世界五分之三的劳动者属于非正规就业，涉及各种类型的劳动者，特别是自营职业者、家庭帮工以及在正规或非正规经济企业工作的雇员（另见 ILO，2018a）。由于非正规就业的劳动者得不到劳动法和社会保障制度提供的保障，他们比正规就业的劳动者更容易受到伤害。这可能引发负反馈循环，加剧这些劳动者的脆弱性，并且阻碍通过高附加值创新和创造力提升劳动生产率的努力。然而，正如 Acemoglu 和 Robinson（2012 年）所指出的，创新和创造力都依赖于惠及整个社会的包容性体系的存在。这意味着非正规率最多只是反映目标 8.3 进展情况的一个不完善的指标。

图 3.3 证实了要实现全球经济正规化还有很多工作要做。在有数据可查的 112 个国家中，大多数国家半数以上的非农业劳动者为非正规就业。非正规就业的比例与一国的收入水平之间似乎存在着负相关关系，但这种关系并非决定性的。不同国家收入群体的数据点在很大程度上有重叠。例如，一些中高收入国家的非正规率很高，与低收入国家相当。虽然从图中可以看出，男性和女性的非正规就业率相对持平，但仔细观察会发现，在有数据可查的国家中，69% 的国家的女性的非正规就业发生率较高（见 ILO，2018i）。

目标 8.4 指出要"改善全球消费和生产的资源使用效率，努力使经济增长和环

① 如 ILO（2018i，第 19 页）指出的那样，为了全面了解非正规的程度，也有必要考虑农业活动中的非正规性比率，许多国家的这一比率都很高。

境退化脱钩，发达国家应在上述工作中做出表率”。近年来，这种脱钩的经济模式取得了很大进展，有助于使决策者相信，采取一种兼顾环境的替代经济发展方式是有好处的。因为除非采取渐进的政策改革，否则经济活动将在很大程度上持续依赖有限的自然资源，导致温室气体排放和其他形式的污染，进而造成严重的且不可逆转的环境退化（Dorling，2017；IPCC，2013）。来自 180 个国家的数据表明，在 1995—2014 年实现净增长的 165 个国家中，有四分之三的国家的温室气体排放量呈上升趋势（ILO，2018j）。尽管如此，也有一些绝对脱钩的例子，也就是说，一些国家设法在减少碳足迹的同时实现了国内生产总值的增长：1995—2014 年大约有 23 个国家出现了这种情况。这些例子证实了投资于可再生能源以及扩大环境商品和服务部门的积极作用（同上，第 10—14 页）。图 3.4 显示了与目标 8.4 相关的两个指标中的一个，即有关国内物资消费的实证数据。它表明，全球人均消费呈现惊人的上升趋势，如果用单位 GDP 的重量（千克）来衡量消费，可以看到从 2011 年起消费趋于平稳，但几乎没有迹象表明消费实际出现下降。人均消费的上升趋势主要是由于亚洲以及拉丁美洲和加勒比地区的强劲增长。在一定程度上，欧洲、北美洲和大洋洲的材料消费减少抵消了全球的上升趋势。与促进包容性发展有关的另一个可持续发展目标是目标 8.10，该目标呼吁扩大全民获得银行、保险和金融服务的机会。全世界五分之二以上的劳动者从事农业经济相关工作，他们在这方面面临着特殊的挑战。其中许多人生活在贫困之中，受雇于非正规机构，靠小规模持有土地谋生，获得信贷和保险的机会有限（Bhatt，2015）。对数字基础设施的投资可以帮助农村劳动者（特别是面临额外限制的妇女）享受移动银行的好处，并获得信贷和保险，从而促进企业和就业增长（benera、Berik 和 Floro，2015；ILO，2019）。

目标 8.10 有三项相关指标，旨在监测金融机构为所有公民提供服务的能力。虽然一些国家有趋势数据，但是可以利用现有的最新数据获得更全面的全球概况（见图 3.5）。总体格局表现为，一国的收入水平是各国在获取金融服务方面存在极端差

图 3.4

2000—2016 年全球和各地区人均和单位 GDP 国内物资消费

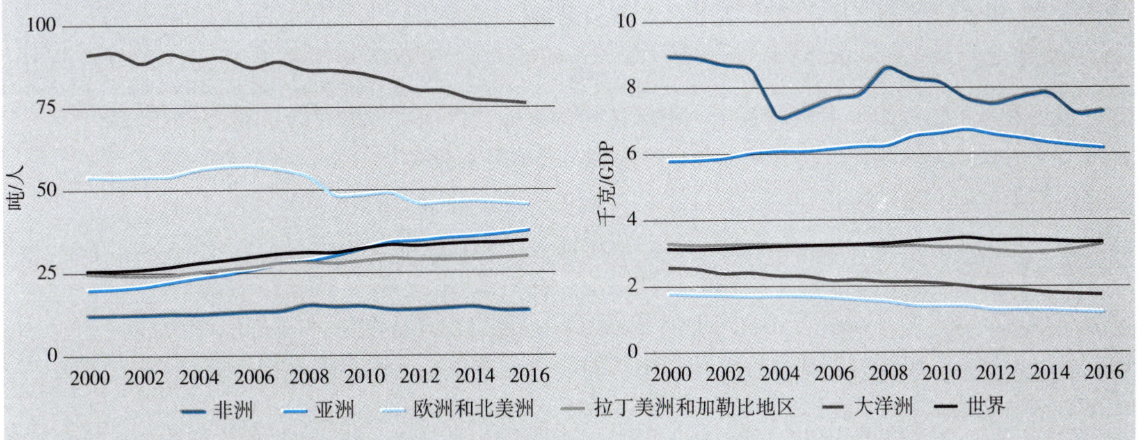

注：以联合国统计司制定的 M49 标准分类为依据进行国家分组，https：//unstats. un. org/unsd/methodology/m49/。

资料来源：联合国全球可持续发展指标数据库（2018 年 11 月查阅）。

图 3.5

最近一年按国家收入组别划分的衡量金融服务可获得性的三项指标

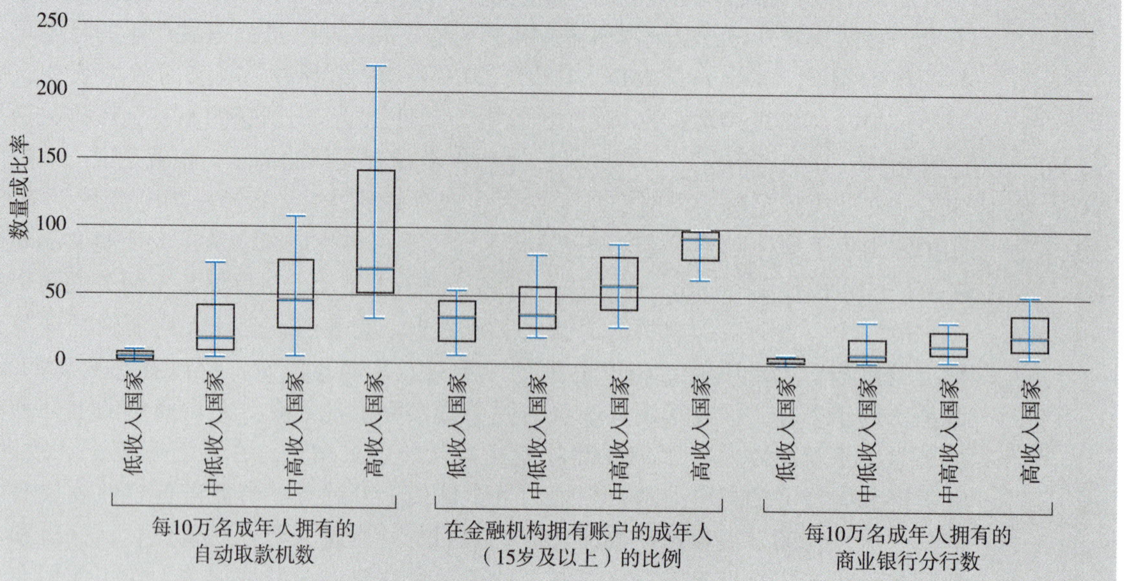

注：每个盒须图显示的是中值和极值范围，分别包含 50% 和 90% 的国家观察值。因此，最低和最高的“胡须”代表第 5 百分位和第 95 百分位，其中涵盖了 90% 的中心数据点。

资料来源：联合国全球可持续发展指标数据库（2018 年 11 月查阅）。

异的原因之一（根据三项指标综合衡量）。例如，在低收入国家，拥有账户的成年人比例仅为三分之一（按中位数计算），而在高收入国家，这一比例超过了十分之九。这一衡量标准的最大差异体现在中低收入国家和中高收入国家。这意味着，为改善公民获得金融服务的机会而实施的积极的政策改革确实能够产生重大影响。最新的研究已经指出了在特定国家和地区促成或阻碍普惠金融的因素（Agwu 和 Carter，2014；Park 和 Mercado，2015）。

人人享有充分和生产性就业，实现同工同酬

值得注意的是，2030 年议程提出一种承认充分就业、体面工作和平等的重要性的经济增长方式。虽然我们已将 SDG8 中涉及就业的具体目标归类为一个单独的专题组，但它们与上文所讨论的增长和生产力目标以及下文将讨论的就业的基本原则和权利直接相关。就促进在体面工作方面取得良好的成果而言，充分就业和平等可对一个经济体实现可持续的包容性增长产生积极的反馈效应。在对 20 世纪 80 年代盛行的效率—平等交换这种观点进行强烈反驳中，SDG8 预设了一种经济模式，在这种模式下，平等的收入可以增强一个国家实现可持续经济增长的能力。近年来，许多宏观经济研究都提出了这一看法（如 Cingano，2014；OECD，2015；Piketty，2014）。

SDG8 中有两个具体目标与此相关。第一个是目标 8.5，其呼吁各国“所有男女，包括青年和残疾人实现充分和生产性就业，有体面工作，并做到同工同酬”。第二个是目标 8.6，该目标设想大幅减少未就业和未接受教育或培训（NEET）的青年的比例，目标的实现年份为 2020 年，而不是 2030 年。

图 3.6

2018 年按年龄、性别、健康状况和国家收入组别划分的失业率分布情况

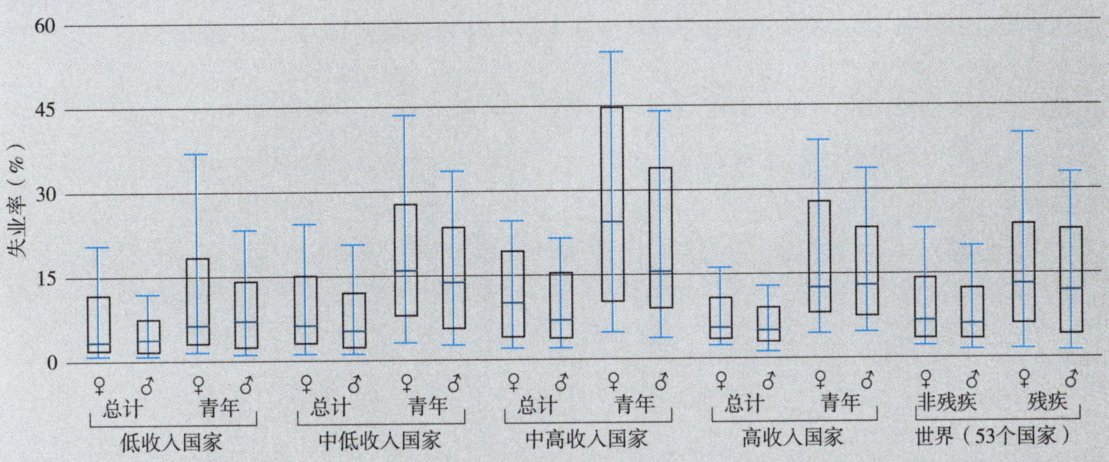

注：每个盒须图显示的是中值和极值范围，分别包含 50% 和 90% 的国家观察值。因此，最低和最高的“胡须”代表第 5 百分位和第 95 百分位，其中涵盖了 90% 的中心数据点。“♀”代表女性，“♂”代表男性。按健康状况划分的失业率是根据有数据可查的 53 个国家最近一年报告的数据整理得出，其中包括 29 个高收入国家。

资料来源：国际劳工组织模拟估算，2018 年 11 月；ILOSTAT 数据库（2019 年 1 月查阅）。

充分就业是指每个想要工作的人都有一份工作，换句话说，当所有可用的劳动力都被雇用时，就能实现充分就业。这并不意味着失业率为零，因为仍然可能存在摩擦性和自愿失业。前者发生在劳动者换工作的时候；后者是因为有些人没有真正的就业意向而自愿失业。同时，因为劳动者自身能力的问题，即使他们正在寻找工作，也难以就业。因此，如果单看失业率，就很容易错误估计真正的就业赤字。不过，失业率是充分就业赤字的最佳指标。正如第 1 章和第 2 章所指出的那样，在间接指标衡量的基础上，就业并不能保证劳动者摆脱贫困。体面工作不足的情况普遍仍存在于世界各地。

目标 8.5 考虑到劳动力市场现有的不平等现象，强调必须实现包括残疾人在内的所有年龄段的所有劳动者的充分就业。在这方面，值得注意的是，全球总失业率一直在下降，但预计这一下降趋势即将中止，这将使就业差距保持在目前的水平（见第 1 章）。此外，如第 1 章和第 2 章所示，各国之间和各人口群体之间存在着很大的差异。在下面的分析中，为使论证更加充分，我们提出了失业率在不同收入群体和不同人口群体中的分布情况。这样就有可能找出被失业总量掩盖的就业差距。

图 3.6 显示，许多国家的总失业率超过 10%，甚至在低收入、中低收入和高收入国家的收入群体中也是如此，这些国家的总失业率的中位数在 5% 左右。中高收入国家的总失业率中位数最高，为 8.2%。中低收入国家的中位数和第 95 百分位之间的差距最大，这两个数值分别为 5.4% 和 22.5%。在所有国家收入群体中，女性失业率第 95 百分位的数值始终高于男性。除低收入国家外，其余所有国家收入群体中女性的中位数也较高。

在所有国家收入群体中，青年（15—24 岁）的失业率较高。然而，值得注意的是，青年失业率离散度远远大于总体离散度，而青年女性失业率的差距更大。青年女性失业率中位数最高的是中高收入国家，失业率为 24%，比该国收入群体中青年男性失业率中位数高出整整 9 个百分点。

图 3.7

2005 年和 2018 年按性别、全球和国家收入组别划分的青年 NEET 比率

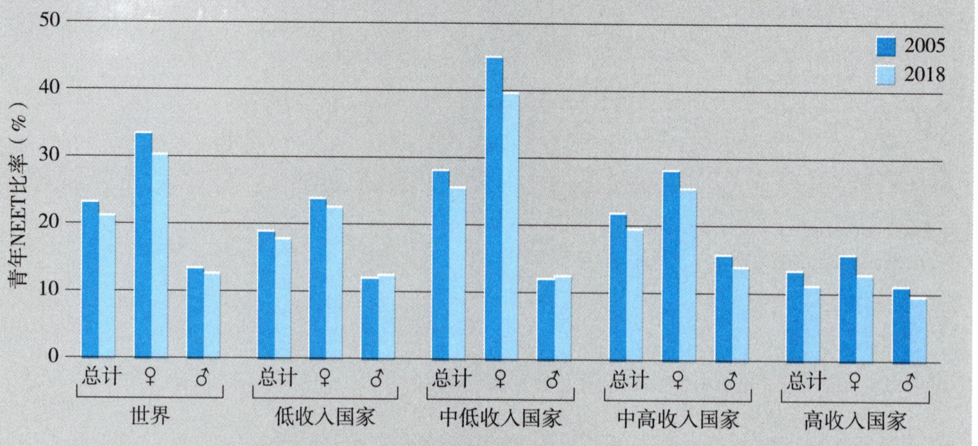

注：青年指年龄为 15—24 岁的人。“♀”代表女性，“♂”代表男性。

资料来源：国际劳工组织模拟估算，2018 年 11 月。

残疾女性和男性失业的可能性很高，其失业率中位数大约是非残疾人失业率的两倍。在有数据可查的 29 个高收入国家中，有 20 个国家的残疾人失业率高于青年失业率。相比之下，在有数据可查的 24 个低收入和中等收入国家中，有 20 个国家的残疾人失业率低于青年失业率。不过，需要注意的是，只有那些处于劳动力市场中的个人才有可能会失业。因此，人们还应考虑劳动力市场以外的人，以评估劳动力利用不足的程度，特别是青年和残疾人，如果他们在获得就业机会或获得公平的工资待遇方面面临歧视，那么他们很容易气馁而不愿找工作（Altbeker 和 Bernstein，2017；Kruse 等，2018）。

如果青年没有就业或没有接受教育或培训（NEET），他们就无法获得劳动力市场所重视的技能，从而减少了他们今后找到工作的机会，从长远来看，削弱了一个经济体在可持续时期内增长的能力（见 ILO，2017c）。为了解决这一问题，目标 8.6 要求到 2020 年大幅度减少 NEET 青年人口的比例。由于全球青年 NEET 比率下降幅度小，比在 2005—2018 年仅下降了 2 个百分点，这一目标似乎不太可能实现（见图 3.7）。2018 年，全世界超过五分之一（21.2%）的青年处于 NEET 状态。迄今为止，青年 NEET 比率在任何一个国家收入群体中都没有出现大幅下降，无论是青年女性还是去青年男性。

虽然 2005—2018 年全球青年 NEET 比率的性别差距略有缩小（缩小了 2.5 个百分点），但事实是，2018 年青年女性的 NEET 比率（30.4%）仍然是青年男性（12.7%）的两倍多。在中低收入国家，性别差距尤其明显，青年女性处于 NEET 状态的可能性是青年男性的三倍以上。因此，各国应尽一切努力解决这一紧迫问题，使青年女性能够与青年男性平等地接受教育、就业和培训。

就失业风险和 NEET 比率而言，除了性别差异之外，女性还面临工资歧视。目标 8.5 明确呼吁“同工同酬”；相关指标（8.5.1）包括估计男女平均薪酬差距。由于工作价值取决于一系列复杂的个人、职业和组织特征，也取决于劳动力市场体系和机制（包括社会对话）以及社会中的阶级和性别关系，因此，很难确定性别薪酬

图 3.8

最近一年按职业划分的男女工资溢价

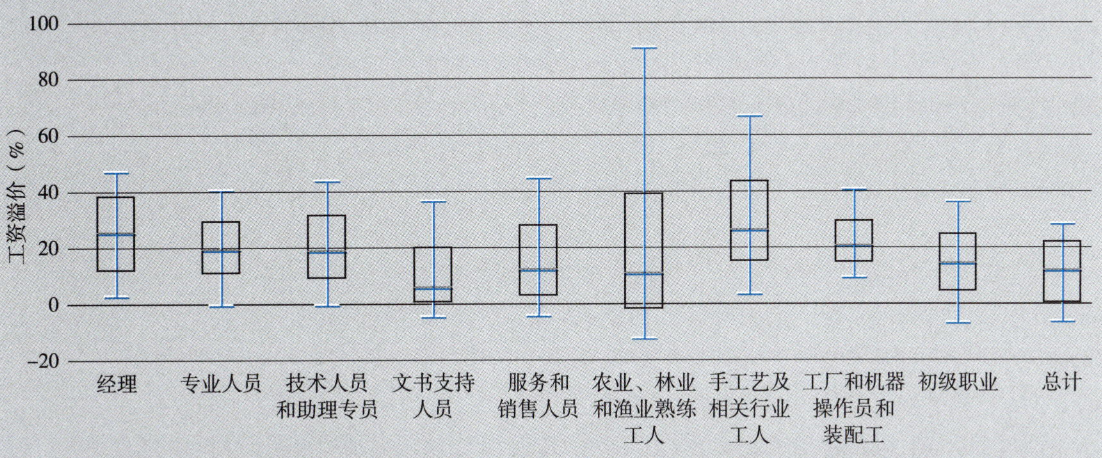

注：每个盒须图显示的是中值和极值范围，分别包含 50% 和 90% 的国家观察值。因此，最低和最高的“胡须”代表第 5 百分位和第 95 百分位，其中涵盖了 90% 的中心数据点。按职业划分的数据来源于 49 个国家，总体经济数据来源于 62 个国家。

资料来源：ILOSTAT 数据库（2019 年 1 月查阅）。

差距背后的原因（Blau 和 Kahn，2017；Rubery 和 Grimshaw，2015）。可持续发展目标指标 8.5.1 考虑了劳动者之间的潜在生产力差异，因为它要求按职业衡量男女的平均时薪。然而，这可能掩盖性别歧视对女性薪酬所造成的负面影响，这种影响是由于大量女性从事了女性占主导地位的职业而造成的（Leuze 和 Strauss，2016）。如果使用平均时薪衡量，男女工资差距中位数在文书支持职业中最小（6%），在管理职业和手工业及相关行业中最大（约 26%）（见图 3.8）。然而，男女之间的工资差异很大：在许多国家，男性在各种职业群体中都享有 20% 以上的工资溢价。还值得注意的是，在少数国家，女性在某些职业中的平均收入超过了男性，甚至在经济总量上也是如此。

为了全面了解男女工资差距的程度，必须尽可能考虑可衡量的潜在因素。最近发表的一份关于全球工资数据的研究报告提出了一种新的统计方法（ILO，2018f）。这种方法涉及使用“要素加权的性别薪酬差距”方法，对具有可比性的男女雇员的工资进行比较。研究发现，按要素加权的性别薪酬差距可能高于或低于原始（即未经调整）的性别薪酬差距，这取决于一个国家的具体情况。然而，值得注意的是，只有一个国家（孟加拉国）在采用要素加权法后，男女薪酬差距仍然是负数（即女性的平均收入高于男性）；在所有其他国家，要素加权的男女薪酬差距是正数，主要集中在 10%—25% 之间。采用这种新方法获得的结果证实了图 3.8 提出的结论，即如果所有国家要在 2030 年之前实现男女薪酬平等，就必须在政策行动领域，以及用人单位在雇用、晋升和确定薪酬方面，工会在与薪酬谈判和动员有关的活动方面做出根本性的改革。

权利、安全和非剥削性工作

SDG8 的第三组具体目标与所有人在工作中应享有的基本权利和保护有关。目标 8.7 和 8.8（见专栏 3.1）完全符合国际劳工组织的体面工作议程，因为它们强调必须消除一切不可接受的工作形式，并维护所有劳动者的劳动权利。劳动世界的未来全球工作委员会提出的一系列建议也表达了这些关切，特别是敦促各国政府、雇主和劳动者建立普遍的劳动保障，并促进集体代表和社会对话（ILO，2019）。

近年来，旨在根除强制劳动、现代奴隶制、人口贩卖和童工现象（目标 8.7）的各种政策干预措施的有效性已经开始被人们更好地理解，因为通过新的研究（de-Hoop 和 Rosati，2013；ILO，2017d、2018k）获得了更高质量的数据，包括在某一领域取得了成功的国家的案例研究，例如乌兹别克斯坦，该国基本上消除了在棉花收获过程中使用童工的现象（ILO，2018k）。联盟 8.7（Alliance 8.7）是由国际组织、联合国专门机构（包括国际劳工组织）和其他利益攸关方于 2016 年发起的全球伙伴关系，是衡量、监测和支持根除强制劳动、现代奴隶制、人口贩卖和童工干预措施的协调中心。

目标 8.7 的指标侧重于童工，这是在可持续发展目标下应消除的一种就业形式。[①] 目前掌握的关于童工问题的数据更加全面且是最新的。2016 年的最新估计数来自 105 项调查的数据，其中包括首次在中国开展的一项调查，涵盖了全世界近四分之三的儿童（ILO，2017d[②]）。根据这些估计，2016 年有 1.52 亿名 5—17 岁儿童就业（包括 1.14 亿名 5—14 岁的儿童），其中 7300 万名在危险条件下工作。在世界范围内，这意味着童工的发生率几乎达到十分之一，这是一个令人十分震惊的数字。在撒哈拉以南非洲国家，童工现象最为普遍，2016 年有 1/5 的儿童在工作，近 1/10 的儿童从事危险工作。亚洲和太平洋地区以及美洲的童工问题也十分严重，前者每 13 名儿童中有一名童工，后者每 19 名儿童中有一名童工。虽然欧洲和中亚的总体发生率相对较低，仅为 4.1%，但令人吃惊的是，该区域几乎所有童工从事的都是危险工作。据统计，550 万名童工中有 530 万名从事危险工作。全世界在减少童工方面取得了巨大进展，2000—2016 年童工总人数减少了约 9400 万人（同上）。然而，近年来进展有所放缓（见图 3.9），而与此同时，国际社会却承诺禁止使用童工。此外，即使按照 2008—2012 年取得进展的速度——这是有记录以来的最快速度——到 2025 年仍将有 1 亿多名童工，而按照可持续发展目标 8.7，到 2025 年本应消除童工。因此，世界所有区域都需要做出更大程度的政治承诺，以便基于多个利益攸关方的专业知识，成功地彻底根除童工。

目标 8.8 所设想的保护劳工权利和促进安全、有保障的工作环境，也是国际劳工组织规定下各国体面工作方案的核心。劳工权利是各国促进和维护社会公正的一个基本平台。大量的实证证据表明，这些权利与经济增长、可持续发展和平等领域的进步之间存在着密切的联系。在适当的有利条件下，劳工权利和社会对话可以促进包容性和可持续增长（见 Grimshaw、Koukiadaki 和 Tavora，2017）。根据上述证

---

① ILO（2018i）提供了童工的详细定义，将童工分为三类：（1）每周工作最少一小时的 5—11 岁儿童；（2）每周工作最少 14 小时的 12—14 岁儿童（不包括许可的轻松的工作）；（3）从事危险行业或职业或长时间工作（定义为参考周期内工作时数达 43 小时或以上）的 15—17 岁的人。这种方法在更广泛的童工类别（占所有儿童的 14%）中创造了一个童工的子类别（占所有儿童的 10%）。

② 有关报告（ILO，2017d）及其中提供的数据是联盟 8.7 项下机构间方案的一部分，目的是衡量和监测可持续发展目标 8.7 的进展情况。

图 3.9

2000—2025 年参与童工劳动的儿童（5—17 岁）的实际和预计趋势线

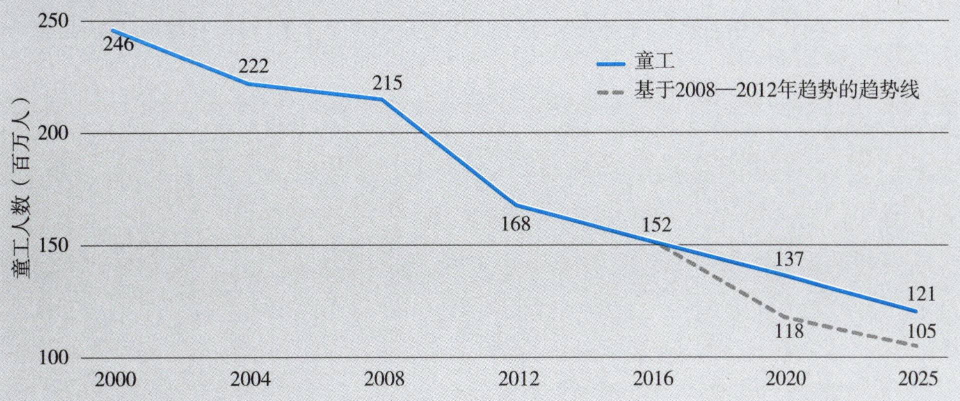

资料来源：ILO，2017d，图 4。

据，劳动世界的未来全球工作委员会的报告认为，将基本权利（包括结社自由和集体协商自由的权利）和保障基本工作条件（包括安全和健康的工作场所）结合起来，是建立包容性劳动力市场体系的出发点。这些体系反过来可以促进就业正规化，支持消除贫穷，加强就业关系标准化，从长远来看，有助于促进可持续的经济增长（ILO，2019）。

自 1948 年通过《结社自由和保护组织权利公约》（第 87 号）和 1949 年《组织和集体谈判权利公约》（第 98 号）以来，已有 70 多年历史，越来越多的国际劳工组织成员批准了这两项公约：在编写本报告时，分别有 155 个和 166 个成员批准了这两项公约。有必要评估正规和非正规经济部门劳动者的覆盖面以及成员遵守承诺的能力。这种评估超出了本章的范围，但这个问题确实值得进一步关注。为了完成这项任务，我们可以参考许多有价值的最新发布的国别研究报告，以及关于基本权利在贸易协定、全球供应链合同和国际框架协定中的作用的研究报告（见 Berliner 等，2015；Marx 等，2015；Vadlamannati，2015）。

监测全世界工作场所的安全情况包括衡量致命和非致命职业伤害的频率（指标 8.8.1，见表 3.1）。总体而言，在统计年度，每 10 万名劳动者中平均有 5.7 人死于致命职业伤害（根据 2010 年以来 77 个国家的可查数据）。按性别划分的数据显示，男性的风险远远大于女性，这反映出男性更有可能从事危险行业的工作，见图 3.10（1）。在欧盟以外的一些国家，男性劳动者的致命职业伤害率超过了万分之一。每 10 万名劳动者中平均有 1128 人受到非致命职业伤害。在移民和非移民工人之间也存在差距，这是指标 8.8.1 所关注的一个关键问题，也是国际劳工组织努力解决体面工作不足的关键点（见 ILO，2017e）。由于数据限制，图 3.10（2）中按移民身份划分的非致命职业伤害率仅适用于欧盟国家。其中，欧盟移民遭受此类伤害的风险平均而言是最高的，非欧盟移民的风险是最低的，当然也有一些国家认为非欧盟移民的风险最高。在欧盟以外的其他国家，这一比率低于欧盟国家。必须进一步进行实证分析，同时扩大数据的国家覆盖面，以便更清楚、更全面地了解情况。

图 3.10

最近一年欧盟和世界其他地区致命和非致命职业伤害率（自 2010 年以来）

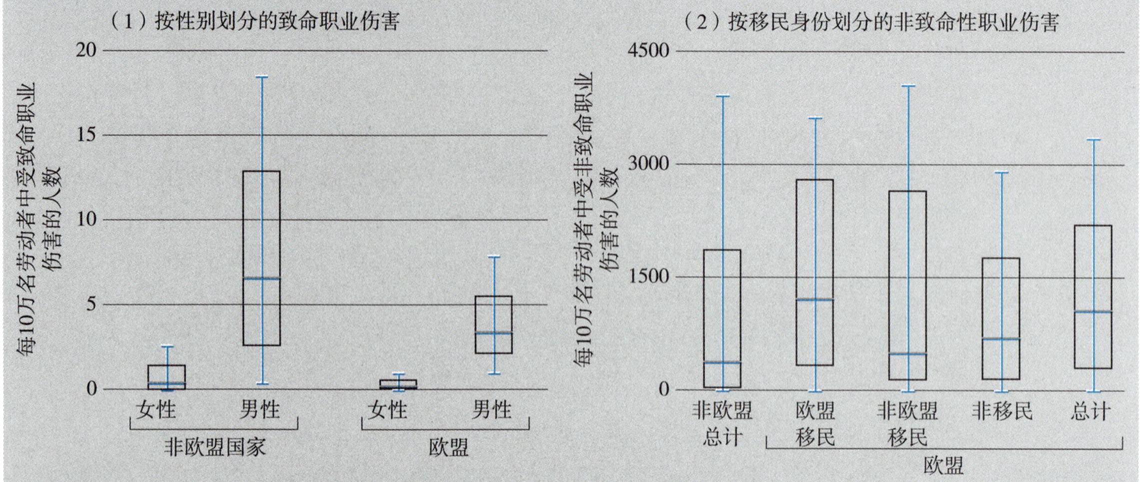

注：就本图而言，欧盟包括挪威和瑞士，尽管这两个国家并不是欧盟成员国。图（1）的观察数：31（非欧盟）、30（欧盟）；面板（b）的观察数：46（非欧盟）、30（欧盟）。每个盒须图显示的是中值和极值范围，分别包含 50% 和 90% 的国家观察值。因此，最低和最高的“胡须”代表第 5 百分位和第 95 百分位，其中涵盖了 90% 的中心数据点。

资料来源：ILOSTAT 数据库（2019 年 1 月查阅）。

可持续发展目标 8 方面取得的进展和下一步计划

在本章中，我们研究了某些地区和国家的趋势和模式，初步尝试评估国际社会在实现 SDG8 方面取得的进展，该目标旨在“促进持久、包容和可持续经济增长，促进充分和生产性就业以及人人获得体面工作”。我们还提出了一些可能的因素来解释为什么有些国家进展甚微或为什么有些国家落后于他国。

以 SDG8 的 12 个相关具体目标来衡量，近年来取得的进展比预期的要慢。事实上，按照目前的发展速度，SDG8 很难在 2030 年之前实现。国家之间和国家内部仍然存在着巨大差距。此外，鉴于当前的情况，预计未来几年全球经济增长将放缓（见第 1 章），这意味着消除这些差距所需的时间将比最初预期的要长。如果考虑 SDG8 关于促进体面工作和走可持续和包容性经济增长道路的宏伟目标，从而使所有劳动者获益，那么需要应对的挑战的严峻性就会变得显而易见。在本章中，我们强调了在几个关键领域所面临的重大挑战，特别是有关非正规就业、不可持续消费、获得金融服务的机会有限、失业风险、歧视残疾人、青年被排斥在劳动力市场之外、女性遭受的“工资惩罚”以及童工的挑战。除非在这些领域都取得更大的进展，否则国际社会将无法本着 SDG8 的精神，走上一条各国和各国劳动者共享的包容性和可持续的经济增长之路。

如果我们只看关于增长和生产率的经济指标，那么显然中低收入国家和中高收入国家最有希望实现 SDG8 所设定的目标。然而，自全球金融危机以来的经济放缓暴露出一些尚未解决的问题，未来贸易协定的不利变化可能会进一步加剧这些问题。由于中国的全球影响力，这些问题的解决在很大程度上也取决于中国的经济命运。尽管中国和其他几个主要新兴经济体的经济增长相对强劲，并成功地使其大部分人口摆脱了贫困，但其他国家仍然落后，未能达到全球平均水平，更不用说达到更发达经济体的增长和生产力水平。然而，即使在经济增长强劲的国家，也仅有一小部分劳动力能够获得体面工作。

的确，如上述所有数据所强调的那样，国家和区域内外存在的全球不平等是一个关键问题。各国为实现 SDG8 所需的努力程度各不相同，在许多国家所需的努力程度非常高。这不仅是一个未能解决不平等问题的情况，而且不平等加剧本身就是阻碍实现可持续增长和体面工作的因素。因此，在未来更全面的分析中，必须审查 SDG8 的进展情况以及在其他相关目标方面取得的进展，特别是与 SDG5 和 SDG10 有关的具体目标。如果要实现可持续发展目标，联合国的成员就必须加大对 2030 年议程的支持力度。这需要加强国际团结，采取新的行动，并对多边体系做出新的承诺，以制定和支持解决上述问题的新方法。

有必要在进一步的实证分析基础上更清楚地了解仍然存在的挑战，以便为所有利益攸关方提供关于如何实现 SDG8 的紧急指导。尤其需要更仔细地审查以下各方面：经济多样性和复杂性作为生产性就业和企业、体面工作和创新的驱动因素（鉴于过度专业化和国家脆弱性的风险）；政府和机构在塑造生产力、财政承受能力和平等趋势方面的相关关系；金融危机后未能更有效地管理国际资本流动；[①] 以及政治治理薄弱如何妨碍遵守劳动力市场规则，从而破坏促进可持续发展的人力资本的增强。

---

① 这一监管失误可以说为许多新兴国家和发展中国家创造了一个具有挑战性的金融环境。国际资本流动高度不稳定的部分原因是由于发达经济体的政策决定造成的，导致汇率大幅波动（正如最近在土耳其和阿根廷，以及早些时候在巴西所看到的那样），损害了受援国的增长潜力。

附录 A　按地区和收入水平划分的国家（地区）组别

非洲

北非
阿尔及利亚
埃及
利比亚
摩洛哥
苏丹
突尼斯
西撒哈拉地区

撒哈拉以南非洲
安哥拉
贝宁
博茨瓦纳
布基纳法索
布隆迪
佛得角
喀麦隆
佛得角
中非共和国
乍得
科摩罗
刚果共和国
刚果民主共和国
科特迪瓦
吉布提
赤道几内亚
厄立特里亚
斯威士兰
埃塞俄比亚
加蓬
冈比亚
加纳
几内亚
几内亚比绍
肯尼亚
莱索托
利比里亚
马达加斯加
马拉维
马里
毛里塔尼亚
毛里求斯
莫桑比克
纳米比亚
尼日尔
尼日利亚
卢旺达
圣多美和普林西比
塞内加尔
塞舌尔
塞拉利昂
索马里
南非
南苏丹
坦桑尼亚
多哥
乌干达
赞比亚
津巴布韦

美洲

拉丁美洲和加勒比地区
安提瓜和巴布达
阿根廷
巴哈马
巴巴多斯
伯利兹
玻利维亚
巴西
智利
哥伦比亚
哥斯达黎加
古巴
多米尼加共和国
厄瓜多尔
萨尔瓦多
格林纳达
危地马拉
圭亚那
海地
洪都拉斯
牙买加
墨西哥
尼加拉瓜
巴拿马
巴拉圭
秘鲁
波多黎各
圣基茨和尼维斯
圣卢西亚
圣文森特和格林纳丁斯
苏里南
特立尼达和多巴哥
美属维尔京群岛
乌拉圭
委内瑞拉

北美洲
加拿大
美国

阿拉伯国家

巴林
伊拉克
约旦
科威特
黎巴嫩
巴勒斯坦被占领土
阿曼
卡塔尔
沙特阿拉伯
叙利亚
阿联酋
也门

亚洲和太平洋地区

东亚
中国
中国香港
日本
朝鲜
韩国
中国澳门
蒙古
中国台湾

东南亚和太平洋地区
澳大利亚
文莱
柬埔寨
斐济
法属波利尼西亚
关岛
印度尼西亚
基里巴斯
老挝
马来西亚
马绍尔群岛
密克罗尼西亚联邦
缅甸
瑙鲁
新喀里多尼亚
新西兰
帕劳
巴布亚新几内亚
菲律宾
萨摩亚
新加坡
所罗门群岛
泰国
东帝汶
汤加
图瓦卢
瓦努阿图
越南

南亚
阿富汗
孟加拉国
不丹
印度
伊朗
马尔代夫
尼泊尔
巴基斯坦
斯里兰卡

欧洲和中亚

北欧、南欧和西欧
阿尔巴尼亚
安道尔
奥地利
比利时
波黑
海峡群岛
克罗地亚
丹麦
爱沙尼亚
芬兰
法国
德国
希腊
冰岛
爱尔兰
意大利
拉脱维亚
列支敦士登
立陶宛
卢森堡
北马其顿
马耳他
摩纳哥
黑山
荷兰
挪威
葡萄牙
塞尔维亚
斯洛文尼亚
西班牙
瑞典
瑞士
英国

东欧
白俄罗斯
保加利亚
捷克
匈牙利
摩尔多瓦
波兰
罗马尼亚
俄罗斯
斯洛伐克
乌克兰

中亚和西亚
亚美尼亚
阿塞拜疆
塞浦路斯
格鲁吉亚
以色列
哈萨克斯坦
吉尔吉斯斯坦
塔吉克斯坦
土耳其
土库曼斯坦
乌兹别克斯坦

高收入国家和地区

安道尔
安提瓜和巴布达
阿根廷
澳大利亚
奥地利
巴哈马
巴林
巴巴多斯
比利时
文莱
加拿大
海峡群岛
智利
克罗地亚
塞浦路斯
捷克
丹麦
赤道几内亚
爱沙尼亚
芬兰
法国
法属波利尼西亚
德国
希腊
关岛
中国香港
匈牙利
冰岛
爱尔兰
以色列
意大利
日本
韩国
科威特
拉脱维亚
列支敦士登
立陶宛
卢森堡
中国澳门
马耳他
摩纳哥
荷兰
新喀里多尼亚
新西兰
挪威
阿曼
巴拿马
波兰
葡萄牙
波多黎各
卡塔尔
俄罗斯
圣基茨和尼维斯
沙特阿拉伯
塞舌尔
新加坡
斯洛伐克
斯洛文尼亚
西班牙
瑞典
瑞士
中国台湾
特立尼达和多巴哥
阿联酋
英国
美国
美属维尔京群岛
乌拉圭

中高收入国家和地区

阿尔巴尼亚
阿尔及利亚
亚美尼亚
阿塞拜疆
白俄罗斯
伯利兹
波黑
博茨瓦纳
巴西
保加利亚
中国
哥伦比亚
哥斯达黎加
古巴
多米尼加共和国
厄瓜多尔
斐济
加蓬
格林纳达
危地马拉
伊朗
伊拉克
牙买加
约旦
哈萨克斯坦
黎巴嫩
利比亚
北马其顿
马来西亚
马尔代夫
马绍尔群岛
毛里求斯
墨西哥
蒙古
黑山
纳米比亚
帕劳
巴拉圭
秘鲁
罗马尼亚
圣卢西亚
圣文森特和格林纳丁斯
塞尔维亚
南非
苏里南
泰国
汤加
突尼斯
土耳其
土库曼斯坦
图瓦卢
委内瑞拉

中低收入国家和地区

安哥拉
孟加拉国
不丹
玻利维亚
喀麦隆
佛得角
刚果共和国
科特迪瓦
吉布提
埃及
萨尔瓦多
斯威士兰
格鲁吉亚
加纳
圭亚那
洪都拉斯
印度
印度尼西亚
肯尼亚
基里巴斯
吉尔吉斯斯坦
老挝
莱索托
毛里塔尼亚
密克罗尼西亚联邦
摩尔多瓦
摩洛哥
缅甸
瑙鲁
尼加拉瓜
尼日利亚
巴勒斯坦被占领土
巴基斯坦
巴布亚新几内亚
菲律宾
萨摩亚
圣多美和普林西比
塞内加尔
所罗门群岛
斯里兰卡
苏丹
东帝汶
乌克兰
乌兹别克斯坦
瓦努阿图
越南
西撒哈拉地区
赞比亚

低收入国家和地区

阿富汗
贝宁
布基纳法索
布隆迪
柬埔寨
中非共和国
乍得
科摩罗
刚果民主共和国
厄立特里亚
埃塞俄比亚
冈比亚
几内亚
几内亚比绍
海地
朝鲜
利比里亚
马达加斯加
马拉维
马里
莫桑比克
尼泊尔
尼日尔
卢旺达
塞拉利昂
索马里
南苏丹
叙利亚
塔吉克斯坦
坦桑尼亚
多哥
乌干达
也门
津巴布韦

附录 B　国际劳工组织模拟估算

《世界就业和社会展望》报告中提出的所有对全球和地区劳动力市场的估计都源自国际劳工组织模拟估算，2018 年 11 月。国际劳工组织设计并积极维护这一系列计量经济模型，用于对无法获取国家报告数据的国家和年份进行劳动力市场指标的估计。这使国际劳工组织能够编制和分析主要劳动力市场指标的全球或区域估计数据和相关趋势。

数据收集和评估

国际劳工组织模拟估算一般基于来自 189 个国家的数据，并酌情根据年龄和性别进行划分。在运行模型以获得估计数之前，国际劳工组织统计司的劳动力市场信息专家与研究司合作，对现有各国汇报的数据进行评估，且只选取那些被认为在各国之间具有充分可比性的观察数据，使用以下四项标准：（1）数据来源类型；（2）地理区域覆盖面；（3）年龄组别覆盖面；（4）是否存在方法上的中断或异常值。

关于第一项标准，为了将数据纳入模型中，必须从劳动力调查、住户调查或更少的人口普查中获得数据。各国的劳动力调查一般相似且数据质量最高，与从其他来源获得的数据相比，从这种调查中获得的数据更具有可比性。因此，在选择过程中，往往优先考虑基于劳动力调查的数据。然而，许多发展中国家缺乏进行劳动力调查的资源，它们根据住户调查或人口普查获取劳动力市场信息。因此，鉴于需要平衡数据可比性和数据覆盖面这两个相互竞争的目标，故而模型中包括了一些住户调查数据和基于人口普查的数据。

第二项标准是，只列入具有国家代表性（即并非限于严格意义上的地理范围）的劳动力市场指标。没有列入仅针对城市或农村地区的观察数据，因为农村和城市劳动力市场之间通常存在着巨大的差异，仅使用农村或城市数据将与国内生产总值（GDP）等基准数据不一致。

第三项标准是，观察到的数据所涵盖的年龄组必须在各国之间具有足够的可比性。各国报告了各种年龄组的劳动力市场信息，所选定的年龄组可以影响特定劳动力市场指标的观察值。

从给定模型中排除数据的最后一项标准是，是否存在方法中断或者某个特定数据点是否为异常值。在这两种情况下，必须在尽可能多地使用数据和包括可能扭曲结果的观测数据之间取得平衡。在这一过程中，特别要注意现有的元数据和基本方法。

在以前使用的输入数据被丢弃的情况下，可以修改历史估计值，因为根据上述标准已经有了更准确的数据来源。专栏 B1 概述了为国际劳工组织模拟估算 2018 年 11 月版本修订历史输入数据而对失业估计数做出的修改。

专栏 B1

修正失业率估计

与前几年发布的国际劳工组织模拟估算一样，全球失业水平和失业率已经被更新，以考虑有关这些失业率的最新信息，以及对历史数据、劳动力增长和经济增长预测的修正。

国际劳工组织 2018 年 11 月模拟估算与 2017 年 11 月发布的历史失业率估计数之间存在差异，造成这种差异有两个主要原因：（1）修正了历史失业率；（2）根据中国新公布的劳动力调查数据，采用了一种新的建模方法。

在估计的全球失业率水平下降中，有近 90% 是由于在六个国家进行的修正所造成的。按国家失业率修正幅度排序，这些国家分别是：印度、莫桑比克、中国、埃塞俄比亚、阿富汗和尼日利亚。

对修正失业人数贡献最大的是对历史数据的修正，由于各国一致采用国际失业定义，历史数据发生了许多变化。为了确保这些数据具有国际可比性，国际劳工组织做出了重大努力，从劳动力调查中收集和分析微观数据，以便可靠地衡量失业率，特别是严格采用国际劳工统计学家会议确定的失业定义。

劳动力市场指标估算方法

劳动力市场指标是通过一系列模型进行估计的，这些模型在观察到的劳动力市场指标和解释变量之间建立了统计关系。这些关系被用来估算缺失的观测数据，以及对劳动力市场指标进行预测。

存在多种潜在的统计关系，也称为“模型规格”，可以用来预测劳动力市场指标。获得精确和无偏估计的关键是在每种情况下都选择最佳的模型规格。国际劳工组织模拟估算一般依赖于一种交叉验证的过程，该过程用于识别那些预期误差最小化和方差最小化的估计模型。该过程涉及使用数据的随机子集重复计算多个候选模型规范：预测缺失的观测值，并计算每一次迭代的预测误差。每个候选模型都是根据伪样本均方根误差来评估的，而其他度量指标也是根据模型进行评估的，如结果稳定性。这就有可能确定为某一劳动力市场指标提供最佳估计的统计关系；值得注意的是，在这方面，最适合自己的统计关系可能因国家而异。

国际劳工组织模拟估算的依据是联合国《世界人口展望（2017 年修订版）》（UN WPP），该修订版提供了按年龄组（每 5 岁为一个年龄组）划分的总人口估计和预测。劳动适龄人口包括 15 岁以上的所有人。首先，一个模型对按性别和年龄组（每 5 岁为一个年龄组）划分的劳动力参与率进行估算并预测。这些估算和预测的比率适用于劳动适龄人口，以便获得劳动力的估计数。其次，用一个模型估算按性别划分的青年（15—24 岁）和成年人（25 岁及以上）的失业率。结合失业率和劳动力估计数，可以得到就业和失业人数。再次，用一个模型估算劳动力未充分利用率（“LU3 比率”，见下文），由此可推导出潜在劳动力。最后，利用四种不同的模型，通过四种不同指标对就业分布进行估算。这些指标包括就业状况、经济活动（部门）、职业和经济阶层（工作贫困）。

虽然所有指标的模型估算都采用同样的方法，但由于基本数据的具体特点不同，不同模型之间仍存在差异。每个模型的详情如下。

劳动力估算和预测

国际劳工组织的劳动力估算和预测是更广泛的国际示范工作的一部分，一些联合国机构对此做出了图表估算和预测。对总人口及其性别和年龄构成的估算和预测由联合国人口司编制；就业人口、失业人口和相关人口由国际劳工组织编制；农业人口由联合国粮食及农业组织编制；在校人口由联合国教育、科学及文化组织提供。

相关模型输入的基本数据是按性别和年龄组划分的一年的劳动参与率，其中年龄组采用5岁年龄间隔（15—19岁、20—24岁……60—64岁）来定义，最后一个年龄组定义为65岁及以上，共分为10组。对基本方法进行广泛的抽样性能评估；然而，这是本附录中唯一一个非自动执行模型搜索的模型。

估算过程分为两个不同的步骤，每个步骤递归执行。线性插值用于填补这种程序可行的国家的缺失数据。这一程序的执行情况非常好，这一点并不令人感到惊讶，因为劳动参与率是一个持久的变量。在所有其他情况下，进行加权多元估算。将各国分为九个估算组，它们是根据广泛的经济相似性和地理邻近性综合选择的。就模型规格而言，考虑到数据库结构和所使用的输入数据库（国际劳工组织劳动力估算和预测）中不同国家之间存在未观测到的异质性，决定使用具有国别固定效应的面板数据技术。回归按无响应的可能性加权。使用的解释变量包括经济和人口变量。这些估计数是根据详细的5岁年龄间隔得出的。全球数据是根据联合国《世界人口展望》的基准人口和详细比率计算得出的。

预测（即2018年及以后的模型产出）是按照与估算缺失值（1990—2017年）不同的方法进行的。采用Logistic趋势模型对数据进行外推。Logistic曲线和其他C形或S形曲线的主要优点是它们能够捕捉到最终达到稳定状态的成长过程。这些曲线经常被用来模拟人口和劳动参与率。此外，根据变量过去的行为，规定了累积变化的上下限，以避免根据历史经验推断出过度的变化。

失业率估算

该模型估算了1991—2017年完整的失业率面板数据集。与按性别和年龄划分的失业率相比，总体失业率更可能接近实际观测值。为了最大限度地利用真实信息，该模型首先对总速率进行估算。其次，分别估算男性和女性就业率以及青年和成年人就业率。然后，对这些估计值进行再平衡，使隐含的总比率与第一步中估算的总比率相匹配。在最后一步采用了类似的程序，分别计算青年和成年人中男性和女性的失业率。

每个指标的估算分两个步骤进行。第一步是进行跨国回归，以确定数据完全缺失的国家的失业率水平。这一步骤使用盖洛普世界民意调查中关于人口结构、人均收入、经济结构和就业指数等信息。第二步，利用经济周期、经济结构和人口结构的信息，估算失业率的演变情况。两步法的优点是可以用不同的方法处理两个非常不同的计量经济学问题。

失业率预测

这些模型预测了2018年以后失业率的未来趋势。一个进行了稍微修改的交叉验证程序被用来识别最佳拟合的投影模型。对于预测，从样本的末端去掉一定数量的周期，然后使用候选模型对这些周期进行预测，以计算不同预测层的预测误差。通过改变不同时段的预测点的位置，可以对不同的历史周期进行预测，从而计算出每个候选模型的均方根预测误差。

在第一组预测模型中使用了季度数据。这些信息的使用大大提高了预测的准确性。对于有季度经济预测的 39 个国家，运用了一系列模型来获得 2018 年的估计值以及 2019 年和 2020 年的预测值。其中，一些模型采用季度劳动力流动进行预测，根据 Shmer（2012）以及 Elsby、Hobijn 和Şahin（2013）提出的方法，按持续时间对失业数据进行估算。这些模型要么直接预测失业率，要么利用 ARIMA、VARX 和组合预测技术同时确定劳动力流入和流出率。对于拥有季度劳动力市场信息的其余国家，2018 年的失业率是使用 ARIMA 模型估算的。

第二组预测模型用于估算没有季度数据的国家 2018 年的失业率，并对所有国家进行长期预测。这些模型以 2017 年前失业率的全部面板数据为基础，还使用了对 GDP 增长的周期性组成部分的预测。使用上述交叉验证技术对一系列动态模型进行评估。有关的模型如下：

- 适用于就业增长与劳动力增长之间存在协整关系的国家的误差修正模型；
- 国家层面预测失业率的模型；
- 国家层面预测失业率变化的模型；
- 预测失业率的面板回归模型，其中面板规模包括（1）地理区域；（2）收入群体；（3）石油出口国；
- 具有随机拦截和预测失业率系数的多层次混合模型；具有随机拦截和预测失业率变化系数的多层次混合模型。

模型是根据他们在不同层面上的预测性能进行加权的。这意味着一个模型可能在短期内得到较高的权重，但在长期内得到较低的权重。预测的置信区间由交叉验证中的加权均方根预测误差和各种预测模型得到的预测的加权方差来估算。

劳动力未充分利用率（LU3 比率）估算

该模型的目标变量是劳动力未充分利用的综合衡量指标（LU3），其定义为：

$$LU3 = \frac{\text{失业人数} + \text{潜在劳动人口}}{\text{劳动人口} + \text{潜在劳动人口}}$$

潜在劳动力包括那些积极寻找工作但在参考周内无法开始工作，并可在随后的短时间内找到工作的劳动适龄人口（无法上岗的求职者），或者那些不积极寻找工作但在参考期内可以工作的人（潜在的求职者）。

该模型采用交叉验证和不确定性估算的原理，选择具有最佳伪样本输出性能的回归模型，与失业率模型不同。然而，LU3 模型有两个特点。第一，所有的人口统计组都使用适当的分类变量进行联合统计，因为这些组是相互依赖的（而且各类数据的可用性大致相同）。第二，该模型将有关失业和劳动力的信息纳入回归中（与其他变量一起使用，以反映经济和人口因素）。

由此得出的估计数包括 LU3 比率（用百分比表示）和潜在劳动力水平。

按就业状况、职业和经济活动（部门）划分的就业估算

按就业状况、职业和经济活动（部门）划分的就业分布情况是按总数估算的，也按性别划分。第一步是进行一次跨国回归，以确定在数据完全缺失的国家中，与就业有关的各个类别所占的比例。这一步使用了关于人口结构、人均收入、经济结构和对估算分布具有高度预测能力的特定模型指标的信息。每个类别的指标如下：

- 就就业状况而言，使用盖洛普世界民意调查中雇主的工作指数；

- 就职业而言，从事某一特定职业的人最有可能工作的部门的增加值份额；
- 就部门而言，该部门的增加值所占份额。

下一步是利用经济周期、经济结构和人口结构的信息，估算每个类别所占份额的演变情况。最后，对这些估计数做出一些调整，以确保所有类别所占份额累加起来达到100%。

对部门的估算基于国际劳工组织专用的分类，以确保联合国《全部经济活动国际标准行业分类》（ISIC）的第三次和第四次修订之间保持最大的一致性。根据国际标准行业分类第四次修订版，将部门分类为A、B、C、F、G、I、K、O、P和Q。此外，对综合部门的定义如下：

- “公用事业”由D和E部门组成；
- “交通运输、仓储和通信业”由H和J部门组成；
- “房地产、商业和行政活动”由L、M和N部门组成；
- “其他服务业”由R、S、T和U部门组成。

这些估计的职业在原则上与1988年和2008年版的国际劳工组织国际标准职业分类（ISCO－88和ISCO－08）主要类别相符。然而，自给农业职业在各国之间的分类并不一致，有时甚至在一个国家不同年份之间也不一致。根据ISCO－08，自给农民应归入ISCO第6类，即技术农业工人。然而，一些以自给农业为主的国家报告，第6类所占比例很低，但第9类（初级职业）所占比例很高。这意味着，在经济结构非常相似的国家之间，第6类和第9类职业所占比例可能存在很大差别。确定第6类和第9类之间的错误分类程度是不可行的。因此，为了获得具有一致性和国际可比性的分类，将第6类和第9类合并，并进行共同估算。

按经济阶层划分的就业估算

按经济阶层划分的就业估算是为拥有其他模型估算的一部分国家编制的。该模型除了使用其他人口、社会和经济变量外，还使用从失业、就业状况和经济活动模型中获得的数据作为输入数据。

该方法包括两个步骤。第一步，不同经济阶层的劳动者用经济阶层的总人口（和其他解释变量）计算。这一过程基于这样一个事实，即经济阶层在总人口中的分布与在劳动人口中的分布密切相关。总人口的经济阶层来源于世界银行的PovcalNet数据库。一般来说，经济阶层是根据消费来定义的，但在没有其他数据的特殊情况下，使用收入数据来代替。

一旦获得了第一步的估计数，第二步就是对那些既没有关于劳动人口经济阶层的数据，也没有关于第一步的估计数的观测数据进行估算。第二步依赖于交叉验证和随后的模型选择，以确保表现令人满意。

在《世界就业和社会展望2019年趋势》中，就业被细分为五个不同的经济阶层：按购买力平价计算，每天生活费为0—1.9美元、1.9美元—3.2美元、3.2美元—5.5美元、5.5美元—13.0美元，以及高于13.0美元。

社会动荡指数

社会动荡指数是反映国家一级社会健康状况的指标。该指标采用的数据来自全球事件、语言和语调数据库（GDELT）项目，数据内容围绕世界各地发生的“抗议”事件（数据库中的代码为14）。其中，记录了许多不同类型的抗议行为，如示威、骚乱、集会、联合抵制、道路封锁和罢工。这种抗议不一定是暴力的，但总是反映出对有关国家的社会、政治或经济状况的某种不满。

该指数从0—100不等，根据GDELT项目报告的一国一年中抗议事件占全部事件的份额，并通过对数转换计算得出。指数100所对应的情形是，抗议事件在总事件中所占份额达到15%或以上。

社会动荡是跨国家的一个相对概念。两个国家的社会动荡指数值相等并不意味着这些国家的社会动荡情况相同，这是因为各国的文化、历史和报告方法存在内在差异。社会动荡指数可以进行跨国比较，以确定哪些国家或地区正在经历动荡。然而，如果说一个国家的动荡程度比另一个国家高出10%，从概念上讲，这种说法是不正确的。

附录 C　社会动荡指数与失业率的关系

国际劳工组织计算的社会动荡指数（见附录 B）衡量的是公开表达对劳动力市场、经济或政治状况不满意的情况。因此，自然就出现将这一指数与劳动力市场指标联系起来的想法。本附录描述了建立社会动荡指数与失业率之间关系的方法。

首先，正如本报告所指出的，在低收入国家，失业率并不是反映劳动力市场状况的重要指标。因此，我们的分析只针对高收入和中高等收入国家。此外，社会动荡指数并不适合进行跨国比较，而是需要根据时间的变化来进行评估。在分析中，我们决定将失业率的变化与社会动荡指数的变化联系起来。

由于在我们的分析中使用的所有变量都只涉及一阶差分，所有国家的平均值大约为零。这意味着，计量经济学规范分析可以使用混合回归。因变量是社会动荡指数的变化；解释变量是失业率的变化及其滞后值。事实证明，滞后值的影响很小。此外，回归模型中还包含了因变量的滞后值。

估计系数结果见表 C1。表中的第二栏显示，失业率每变化 1 个百分点，社会动荡指数变化 0.54 个百分点。表中的第一栏显示，该模型的 R^2 为 0.18，能较好地模拟社会动荡指数变化的实际情况，但失业率的变化对解释总变化的贡献最小（不到 1%）。这是因为：第一，失业率只是衡量社会公正的一种指标，而且并不是很全面；第二，社会动荡指数也受到与社会公正无关的事件的影响。这一分析表明，劳动力市场的运行状况对社会安定而言至关重要。

表 C1

估计的回归系数

ΔSUI 滞后值	ΔUR	ΔUR 滞后值
−0.41*** （0.02）	+0.54*** （0.17）	−0.34（0.17）
2808 次观测，108 个国家；R^2 = 0.18		

注：SUI = 社会动荡指数；UR = 失业率；*** 表示 1% 水平上的统计意义。

附录 D　按国家（地区）收入水平和区域划分的世界各地劳动力市场指标表

全球

指标	性别	单位	2000年	2001年	2002年	2003年	2004年	2005年	2006年	2007年	2008年	2009年	2010年	2011年
劳动参与率	总计	%	64.7	64.4	64.2	64.0	63.8	63.7	63.5	63.3	63.0	62.7	62.4	62.1
	男性	%	78.5	78.2	77.9	77.6	77.5	77.3	77.0	76.8	76.6	76.3	76.0	75.9
	女性	%	50.9	50.7	50.5	50.4	50.3	50.3	49.9	49.8	49.4	49.2	48.8	48.5
劳动力	总计	百万人	2776.7	2815.5	2858.9	2903.4	2952.7	3000.9	3037.2	3077.4	3113.8	3147.5	3177.0	3210.0
	男性	百万人	1680.1	1704.0	1730.4	1756.7	1787.1	1815.5	1839.9	1865.5	1890.9	1912.6	1934.3	1957.7
	女性	百万人	1096.5	1111.5	1128.5	1146.7	1165.6	1185.4	1197.3	1211.9	1222.9	1234.9	1242.7	1252.3
就业人口占总人口的比例	总计	%	61.1	60.8	60.4	60.2	60.2	60.2	60.1	60.1	59.9	59.2	59.0	58.8
	男性	%	74.4	74.0	73.5	73.2	73.3	73.2	73.2	73.3	73.0	72.2	72.1	72.0
	女性	%	47.9	47.7	47.4	47.2	47.2	47.2	47.1	47.0	46.8	46.2	45.9	45.7
就业人口	总计	百万人	2624.5	2659.1	2692.3	2731.3	2783.4	2832.5	2877.7	2925.1	2959.5	2970.9	3002.7	3038.1
	男性	百万人	1592.1	1613.1	1633.4	1657.1	1690.5	1720.0	1749.6	1779.2	1802.0	1809.5	1833.3	1858.3
	女性	百万人	1032.4	1046.0	1058.8	1074.2	1092.9	1112.5	1128.1	1146.0	1157.5	1161.4	1169.5	1179.8
失业率	总计	%	5.5	5.6	5.8	5.9	5.7	5.6	5.3	4.9	5.0	5.6	5.5	5.4
	男性	%	5.2	5.3	5.6	5.7	5.4	5.3	4.9	4.6	4.7	5.4	5.2	5.1
	女性	%	5.8	5.9	6.2	6.3	6.2	6.2	5.8	5.4	5.3	6.0	5.9	5.8
失业人口	总计	百万人	152.1	156.5	166.6	172.0	169.4	168.4	159.5	152.3	154.3	176.6	174.3	171.9
	男性	百万人	88.0	91.0	97.0	99.5	96.6	95.5	90.3	86.3	88.9	103.0	101.0	99.4
	女性	百万人	64.1	65.5	69.7	72.5	72.7	72.9	69.2	66.0	65.4	73.5	73.3	72.5
劳动力利用率	总计	%						9.1	8.7	8.4	8.4	9.2	9.1	9.0
	男性	%						7.5	7.1	6.8	6.9	7.7	7.5	7.4
	女性	%						11.5	11.2	10.8	10.7	11.4	11.4	11.3
潜在劳动力	总计	百万人						115.2	116.3	117.2	117.1	122.7	125.6	127.4
	男性	百万人						43.2	43.6	43.9	44.1	47.0	48.2	49.2
	女性	百万人						71.9	72.7	73.3	73.0	75.7	77.5	78.2
极度工作贫困率	总计	%	32.9	31.4	29.4	27.5	25.2	23.1	21.9	20.6	20.1	18.7	17.5	15.3
中等工作贫困率	总计	%	26.8	26.5	26.1	25.8	25.3	24.9	24.1	23.3	22.8	22.2	21.4	20.8
极度工作贫困	总计	百万人	690.6	669.9	637.0	605.9	566.8	528.9	509.1	486.7	479.3	449.6	427.3	376.9
中等工作贫困	总计	百万人	562.2	565.4	564.4	567.5	569.2	569.1	559.5	550.5	544.3	535.5	522.5	513.1
工薪就业	总计	%	45.7	46.0	46.3	46.4	46.8	47.3	47.9	48.4	48.9	48.9	49.3	49.9
雇主	总计	%	2.7	2.8	2.8	2.8	2.9	2.9	2.9	2.9	2.9	2.9	2.9	2.9
自营劳动者	总计	%	35.1	35.0	34.9	34.9	34.7	34.5	34.4	34.3	34.3	34.5	34.5	34.2
无报酬家庭帮工	总计	%	16.4	16.2	16.0	15.9	15.6	15.3	14.8	14.4	14.0	13.6	13.3	13.0
生产力增长率	总计	%	2.9	1.0	1.5	2.3	3.4	2.9	3.7	3.7	1.7	-0.8	4.2	2.9

注：在职贫困率仅涉及低收入国家（地区）和中等收入国家（地区）。

全球（续表）

指标	性别	单位	2012年	2013年	2014年	2015年	2016年	2017年	2018年	2019年	2020年	2021年	2022年	2023年
劳动参与率	总计	%	62.0	61.9	61.8	61.7	61.6	61.6	61.4	61.2	61.0	60.8	60.6	60.3
	男性	%	75.8	75.6	75.5	75.3	75.1	75.0	74.9	74.7	74.5	74.3	74.1	73.9
	女性	%	48.3	48.2	48.1	48.1	48.1	48.2	47.9	47.7	47.5	47.3	47.0	46.8
劳动力	总计	百万人	3247.3	3286.8	3324.0	3364.5	3402.3	3444.4	3477.8	3510.5	3542.7	3573.4	3603.8	3633.8
	男性	百万人	1982.9	2006.7	2029.2	2053.1	2074.5	2098.3	2120.9	2143.0	2164.9	2185.5	2205.8	2225.9
	女性	百万人	1264.4	1280.1	1294.8	1311.4	1327.9	1346.1	1357.0	1367.5	1377.8	1388.0	1398.0	1407.9
就业人口占总人口的比例	总计	%	58.7	58.6	58.6	58.5	58.4	58.5	58.4	58.2	58.0	57.8	57.6	57.4
	男性	%	71.9	71.8	71.7	71.6	71.4	71.5	71.4	71.2	71.1	70.9	70.7	70.5
	女性	%	45.5	45.4	45.4	45.4	45.4	45.5	45.3	45.1	44.9	44.7	44.5	44.2
就业人口	总计	百万人	3073.1	3110.6	3151.2	3188.8	3224.7	3270.3	3305.3	3336.9	3368.4	3397.0	3425.7	3453.5
	男性	百万人	1881.8	1904.3	1928.9	1951.7	1972.3	1998.6	2022.0	2043.8	2065.4	2084.8	2104.1	2123.1
	女性	百万人	1191.3	1206.3	1222.3	1237.1	1252.4	1271.8	1283.3	1293.1	1303.0	1312.2	1321.6	1330.5
失业率	总计	%	5.4	5.4	5.2	5.2	5.2	5.1	5.0	4.9	4.9	4.9	4.9	5.0
	男性	%	5.1	5.1	4.9	4.9	4.9	4.8	4.7	4.6	4.6	4.6	4.6	4.6
	女性	%	5.8	5.8	5.6	5.7	5.7	5.5	5.4	5.4	5.4	5.5	5.5	5.5
失业人口	总计	百万人	174.1	176.2	172.8	175.7	177.6	174.1	172.5	173.6	174.3	176.5	178.1	180.3
	男性	百万人	101.1	102.4	100.3	101.4	102.2	99.7	98.8	99.2	99.5	100.7	101.7	102.9
	女性	百万人	73.1	73.8	72.4	74.3	75.4	74.4	73.7	74.4	74.8	75.8	76.4	77.4
劳动力利用率	总计	%	9.0	9.0	8.8	8.9	8.9	8.7	8.6	8.6	8.6	8.7	8.7	8.8
	男性	%	7.4	7.5	7.3	7.3	7.3	7.2	7.1	7.1	7.1	7.1	7.1	7.2
	女性	%	11.3	11.3	11.1	11.2	11.2	11.0	11.0	11.0	11.1	11.1	11.2	11.3
潜在劳动力	总计	百万人	129.7	131.0	132.4	134.1	137.0	137.5	139.6	142.0	144.4	147.0	149.7	152.4
	男性	百万人	50.4	51.1	51.9	52.3	54.1	54.4	55.2	56.1	57.2	58.4	59.5	60.8
	女性	百万人	79.3	79.9	80.6	81.8	82.9	83.1	84.4	85.9	87.3	88.7	90.1	91.6
极度工作贫困率	总计	%	13.6	11.6	11.1	10.6	10.4	10.1	9.8	9.6	9.3	9.1	8.8	8.6
中等工作贫困率	总计	%	20.0	19.1	18.2	17.3	16.8	16.4	16.0	15.6	15.2	14.8	14.4	14.0
极度工作贫困	总计	百万人	340.7	295.0	284.9	274.7	271.7	268.9	264.8	260.6	256.4	252.2	248.1	244.0
中等工作贫困	总计	百万人	498.9	482.7	466.9	449.2	441.3	435.2	429.7	423.8	417.4	410.5	403.4	395.8
工薪就业	总计	%	50.6	50.8	51.2	51.5	51.7	51.9	52.0	52.2	52.3	52.4	52.5	52.6
雇主	总计	%	2.9	2.9	2.9	2.9	2.9	2.9	2.9	3.0	3.0	3.0	3.0	3.0
自营劳动者	总计	%	33.9	34.0	33.9	34.0	34.0	34.1	34.1	34.2	34.3	34.3	34.4	34.5
无报酬家庭帮工	总计	%	12.7	12.3	12.0	11.6	11.4	11.1	10.9	10.7	10.5	10.3	10.1	9.9
生产力增长率	总计	%	2.1	2.1	2.2	2.1	2.0	2.2	2.8	2.7	2.5	2.6	2.5	2.5

低收入国家（地区）

指标	性别	单位	2000年	2001年	2002年	2003年	2004年	2005年	2006年	2007年	2008年	2009年	2010年	2011年
劳动参与率	总计	%	73.8	73.7	73.7	73.7	73.6	73.5	73.2	72.9	72.6	72.3	72.0	71.8
	男性	%	82.0	81.9	81.8	81.7	81.6	81.4	81.2	80.9	80.7	80.4	80.1	79.9
	女性	%	65.9	65.9	65.9	66.0	66.0	65.9	65.6	65.2	64.8	64.5	64.2	64.0
劳动力	总计	百万人	190.1	195.4	201.0	206.9	213.0	219.2	224.8	230.5	236.5	242.6	249.0	255.3
	男性	百万人	103.4	106.3	109.3	112.5	115.8	119.2	122.4	125.6	128.9	132.3	135.9	139.4
	女性	百万人	86.7	89.1	91.7	94.4	97.2	100.0	102.5	104.9	107.6	110.3	113.1	115.9
就业人口占总人口的比例	总计	%	70.6	70.5	70.5	70.5	70.5	70.4	70.3	70.1	69.8	69.2	68.9	68.7
	男性	%	78.4	78.3	78.2	78.1	78.1	78.1	78.0	77.9	77.5	77.1	76.8	76.6
	女性	%	63.1	63.1	63.0	63.0	63.1	63.1	62.8	62.6	62.3	61.7	61.3	61.1
就业人口	总计	百万人	182.0	186.9	192.2	197.9	203.9	210.0	215.7	221.5	227.3	232.4	238.3	244.5
	男性	百万人	98.9	101.6	104.5	107.6	110.9	114.3	117.5	120.8	123.9	126.9	130.3	133.7
	女性	百万人	83.1	85.3	87.7	90.2	93.0	95.7	98.2	100.7	103.4	105.5	108.0	110.8
失业率	总计	%	4.3	4.3	4.4	4.4	4.3	4.2	4.1	3.9	3.9	4.2	4.3	4.2
	男性	%	4.4	4.4	4.4	4.3	4.2	4.1	4.0	3.8	3.9	4.1	4.1	4.1
	女性	%	4.2	4.2	4.4	4.4	4.3	4.3	4.2	4.0	3.9	4.3	4.5	4.4
失业人口	总计	百万人	8.2	8.4	8.8	9.0	9.1	9.2	9.1	9.0	9.2	10.2	10.7	10.8
	男性	百万人	4.5	4.7	4.8	4.9	4.9	4.9	4.8	4.8	5.0	5.4	5.6	5.7
	女性	百万人	3.6	3.8	4.0	4.2	4.2	4.3	4.3	4.2	4.2	4.8	5.1	5.1
劳动力利用率	总计	%						8.7	8.6	8.5	8.5	8.8	9.0	8.9
	男性	%						7.0	6.9	6.8	6.8	7.1	7.2	7.1
	女性	%						10.7	10.6	10.4	10.4	10.9	11.1	11.0
潜在劳动力	总计	百万人						10.9	11.2	11.5	11.9	12.3	12.8	13.1
	男性	百万人						3.7	3.8	4.0	4.1	4.3	4.4	4.6
	女性	百万人						7.2	7.3	7.5	7.8	8.1	8.4	8.5
极度工作贫困率	总计	%	59.4	58.3	57.1	55.7	54.1	52.3	50.9	49.6	48.5	47.0	45.5	44.0
中等工作贫困率	总计	%	22.3	22.8	23.3	23.8	24.5	25.3	25.7	26.2	26.6	27.0	27.4	28.0
极度工作贫困	总计	百万人	106.6	107.5	108.3	108.8	108.8	108.2	108.3	108.3	108.6	107.7	106.7	105.9
中等工作贫困	总计	百万人	40.0	42.0	44.2	46.5	49.3	52.3	54.7	57.1	59.6	61.7	64.3	67.5
工薪就业	总计	%	15.8	15.9	15.9	16.0	16.0	16.1	16.4	16.5	16.9	17.2	17.5	17.8
雇主	总计	%	1.5	1.5	1.5	1.5	1.5	1.5	1.5	1.5	1.5	1.4	1.4	1.5
自营劳动者	总计	%	50.5	50.4	50.3	50.2	50.1	50.0	50.0	50.2	50.2	50.5	50.5	50.4
无报酬家庭帮工	总计	%	32.2	32.3	32.4	32.3	32.4	32.4	32.1	31.8	31.4	31.0	30.6	30.3
生产力增长率	总计	%	－0.2	1.5	1.6	－0.1	2.5	3.0	2.1	3.3	2.3	3.0	3.7	0.6

低收入国家（地区）（续表）

指标	性别	单位	2012年	2013年	2014年	2015年	2016年	2017年	2018年	2019年	2020年	2021年	2022年	2023年
劳动参与率	总计	%	71.5	71.4	71.3	71.3	71.3	71.3	71.3	71.3	71.2	71.2	71.1	71.0
	男性	%	79.6	79.4	79.2	79.0	78.9	78.8	78.7	78.7	78.6	78.6	78.6	78.5
	女性	%	63.8	63.7	63.7	63.8	63.9	64.1	64.1	64.0	64.0	63.9	63.9	63.8
劳动力	总计	百万人	261.9	269.1	276.5	284.7	293.5	302.4	311.7	321.2	331.1	341.2	351.6	362.3
	男性	百万人	143.0	146.9	150.9	155.1	159.7	164.3	169.4	174.6	180.0	185.6	191.4	197.4
	女性	百万人	118.9	122.2	125.7	129.6	133.8	138.1	142.3	146.6	151.1	155.6	160.2	164.9
就业人口占总人口的比例	总计	%	68.6	68.5	68.5	68.5	68.6	68.7	68.7	68.6	68.6	68.5	68.5	68.4
	男性	%	76.5	76.3	76.2	76.0	75.9	75.9	75.9	75.8	75.8	75.7	75.7	75.6
	女性	%	61.0	61.0	61.2	61.2	61.4	61.7	61.7	61.6	61.6	61.5	61.4	61.4
就业人口	总计	百万人	251.2	258.3	265.9	273.8	282.2	291.4	300.2	309.4	318.9	328.6	338.5	348.8
	男性	百万人	137.4	141.2	145.2	149.3	153.7	158.4	163.3	168.3	173.5	178.9	184.4	190.1
	女性	百万人	113.8	117.1	120.7	124.5	128.5	132.9	137.0	141.1	145.4	149.7	154.1	158.7
失业率	总计	%	4.1	4.0	3.8	3.9	3.8	3.7	3.7	3.7	3.7	3.7	3.7	3.7
	男性	%	4.0	3.9	3.7	3.8	3.7	3.6	3.6	3.6	3.6	3.6	3.7	3.7
	女性	%	4.3	4.2	3.9	4.0	3.9	3.8	3.8	3.8	3.8	3.8	3.8	3.8
失业人口	总计	百万人	10.7	10.8	10.6	11.0	11.3	11.1	11.4	11.8	12.2	12.6	13.1	13.5
	男性	百万人	5.7	5.7	5.6	5.8	6.0	5.9	6.1	6.3	6.5	6.8	7.0	7.3
	女性	百万人	5.1	5.1	5.0	5.2	5.3	5.2	5.4	5.5	5.7	5.8	6.0	6.3
劳动力利用率	总计	%	8.8	8.7	8.5	8.5	8.5	8.4	8.4	8.4	8.4	8.4	8.5	8.5
	男性	%	7.1	7.0	6.9	6.9	6.9	6.8	6.8	6.9	6.9	6.9	7.0	7.0
	女性	%	10.8	10.7	10.4	10.4	10.4	10.2	10.2	10.2	10.2	10.2	10.2	10.3
潜在劳动力	总计	百万人	13.5	13.8	14.1	14.6	15.1	15.5	16.0	16.6	17.1	17.7	18.3	18.9
	男性	百万人	4.7	4.9	5.0	5.2	5.5	5.7	5.9	6.1	6.4	6.6	6.8	7.1
	女性	百万人	8.7	8.9	9.1	9.4	9.6	9.9	10.1	10.5	10.8	11.1	11.5	11.9
极度工作贫困率	总计	%	42.3	42.0	41.1	40.7	40.5	39.9	39.2	38.4	37.6	36.9	36.1	35.2
中等工作贫困率	总计	%	28.4	28.4	28.2	28.2	27.8	27.7	27.5	27.4	27.2	27.1	26.9	26.6
极度工作贫困	总计	百万人	104.7	106.7	107.6	109.6	112.5	114.5	115.8	117.0	118.1	119.2	120.1	120.9
中等工作贫困	总计	百万人	70.3	72.2	73.9	75.8	77.1	79.3	81.3	83.4	85.5	87.5	89.5	91.4
工薪就业	总计	%	18.1	18.2	18.4	18.4	18.5	18.6	18.8	18.9	19.1	19.3	19.5	19.7
雇主	总计	%	1.5	1.6	1.6	1.6	1.6	1.6	1.6	1.6	1.7	1.7	1.7	1.7
自营劳动者	总计	%	50.6	50.7	50.7	50.9	50.9	50.9	50.9	51.0	51.0	51.0	51.0	51.0
无报酬家庭帮工	总计	%	29.8	29.5	29.3	29.1	29.0	28.8	28.6	28.5	28.3	28.1	27.9	27.7
生产力增长率	总计	%	－1.1	1.3	2.1	－2.1	－1.4	1.1	1.8	2.0	2.3	2.3	2.3	2.5

中低收入国家(地区)

指标	性别	单位	2000年	2001年	2002年	2003年	2004年	2005年	2006年	2007年	2008年	2009年	2010年	2011年
劳动参与率	总计	%	59.6	59.5	59.4	59.4	59.5	59.4	59.0	58.7	58.3	57.9	57.6	57.2
	男性	%	80.7	80.6	80.5	80.4	80.5	80.3	79.9	79.6	79.3	79.0	78.7	78.5
	女性	%	38.1	38.1	37.9	38.0	38.1	38.2	37.6	37.5	36.9	36.5	36.1	35.5
劳动力	总计	百万人	874.4	893.3	911.8	932.7	954.8	974.7	987.2	1003.8	1016.9	1030.7	1045.2	1057.9
	男性	百万人	597.7	610.6	623.9	637.1	651.9	664.5	675.3	686.7	697.9	709.0	720.8	732.9
	女性	百万人	276.8	282.6	287.9	295.6	302.9	310.2	311.8	317.1	319.0	321.7	324.4	325.0
就业人口占总人口的比例	总计	%	56.9	56.8	56.6	56.6	56.8	56.7	56.5	56.4	56.1	55.7	55.4	55.0
	男性	%	77.3	77.3	77.1	77.0	77.2	77.1	77.0	76.9	76.6	76.2	76.1	75.9
	女性	%	36.1	36.0	35.8	35.8	35.9	35.9	35.5	35.5	35.1	34.7	34.4	33.8
就业人口	总计	百万人	835.2	852.8	869.3	888.9	910.6	929.7	945.5	964.0	977.9	989.9	1005.9	1017.6
	男性	百万人	573.0	585.5	597.5	610.3	625.7	638.3	650.9	663.5	674.6	684.5	697.4	708.3
	女性	百万人	262.2	267.3	271.8	278.6	284.9	291.5	294.6	300.5	303.3	305.4	308.6	309.3
失业率	总计	%	4.5	4.5	4.7	4.7	4.6	4.6	4.2	4.0	3.8	4.0	3.8	3.8
	男性	%	4.1	4.1	4.2	4.2	4.0	4.0	3.6	3.4	3.3	3.5	3.3	3.4
	女性	%	5.3	5.4	5.6	5.8	5.9	6.0	5.5	5.2	4.9	5.1	4.9	4.8
失业人口	总计	百万人	39.2	40.5	42.4	43.8	44.3	45.0	41.7	39.9	39.0	40.9	39.3	40.3
	男性	百万人	24.7	25.1	26.4	26.8	26.3	26.3	24.4	23.2	23.3	24.6	23.5	24.6
	女性	百万人	14.5	15.4	16.1	17.0	18.0	18.7	17.3	16.6	15.7	16.3	15.8	15.7
劳动力利用率	总计	%						8.4	8.0	7.7	7.7	7.9	7.7	7.8
	男性	%						5.9	5.6	5.4	5.4	5.6	5.4	5.5
	女性	%						13.3	12.9	12.6	12.4	12.7	12.7	12.7
潜在劳动力	总计	百万人						39.8	40.4	41.1	42.5	44.0	45.0	46.1
	男性	百万人						13.8	14.1	14.3	15.0	15.8	16.0	16.8
	女性	百万人						26.0	26.3	26.8	27.4	28.2	29.0	29.3
极度工作贫困率	总计	%	34.7	33.8	32.1	30.6	29.2	27.9	27.2	25.6	24.6	22.8	21.4	18.9
中等工作贫困率	总计	%	34.3	34.5	34.4	34.3	34.4	34.5	34.3	34.0	33.9	33.4	32.4	31.9
极度工作贫困	总计	百万人	289.9	288.0	279.0	272.0	265.7	259.0	256.9	246.2	240.7	225.3	214.8	192.2
中等工作贫困	总计	百万人	286.2	293.9	298.7	304.5	313.0	320.1	324.0	327.8	331.5	330.8	325.5	323.9
工薪就业	总计	%	26.2	26.6	26.8	26.8	27.2	27.6	28.2	28.5	28.8	29.2	29.7	30.8
雇主	总计	%	1.9	2.1	2.1	2.2	2.2	2.2	2.2	2.2	2.3	2.4	2.3	2.5
自营劳动者	总计	%	52.2	51.6	51.4	51.1	50.7	50.4	50.6	50.8	50.9	51.0	51.0	50.3
无报酬家庭帮工	总计	%	19.6	19.7	19.7	20.0	19.9	19.8	19.0	18.4	17.9	17.4	17.0	16.5
生产力增长率	总计	%	2.2	2.2	2.0	4.1	5.6	4.8	5.9	5.9	3.4	4.0	5.8	4.3

中低收入国家（地区）（续表）

指标	性别	单位	2012年	2013年	2014年	2015年	2016年	2017年	2018年	2019年	2020年	2021年	2022年	2023年
劳动参与率	总计	%	56.8	56.8	56.8	56.7	56.6	56.6	56.5	56.5	56.4	56.3	56.2	56.1
	男性	%	78.3	78.1	77.9	77.7	77.4	77.2	77.1	77.1	77.0	76.9	76.8	76.7
	女性	%	34.9	35.1	35.2	35.3	35.3	35.5	35.5	35.4	35.4	35.3	35.2	35.2
劳动力	总计	百万人	1070.9	1091.9	1111.7	1130.9	1148.7	1170.0	1189.4	1209.0	1228.6	1247.5	1266.7	1285.9
	男性	百万人	744.9	758.0	770.3	782.5	793.3	806.2	819.8	833.4	847.0	860.2	873.5	886.8
	女性	百万人	326.0	333.9	341.4	348.4	355.4	363.8	369.7	375.6	381.5	387.4	393.2	399.1
就业人口占总人口的比例	总计	%	54.6	54.5	54.5	54.3	54.2	54.3	54.3	54.2	54.1	54.0	53.9	53.8
	男性	%	75.6	75.3	75.2	74.9	74.6	74.5	74.5	74.4	74.3	74.2	74.1	74.0
	女性	%	33.2	33.4	33.5	33.4	33.5	33.7	33.7	33.6	33.5	33.5	33.4	33.3
就业人口	总计	百万人	1029.6	1048.1	1067.7	1084.0	1101.5	1123.5	1142.1	1160.7	1179.4	1197.4	1215.6	1233.6
	男性	百万人	719.4	730.8	743.2	754.2	764.7	778.3	791.4	804.5	817.7	830.3	842.9	855.6
	女性	百万人	310.2	317.3	324.5	329.9	336.8	345.2	350.7	356.2	361.7	367.1	372.6	378.0
失业率	总计	%	3.9	4.0	4.0	4.1	4.1	4.0	4.0	4.0	4.0	4.0	4.0	4.1
	男性	%	3.4	3.6	3.5	3.6	3.6	3.5	3.5	3.5	3.5	3.5	3.5	3.5
	女性	%	4.9	5.0	4.9	5.3	5.2	5.1	5.1	5.2	5.2	5.2	5.2	5.3
失业人口	总计	百万人	41.4	43.7	44.0	46.9	47.3	46.5	47.3	48.2	49.2	50.1	51.1	52.3
	男性	百万人	25.5	27.2	27.1	28.4	28.6	27.9	28.3	28.8	29.3	29.9	30.5	31.2
	女性	百万人	15.8	16.6	16.8	18.5	18.7	18.6	19.0	19.4	19.8	20.2	20.6	21.1
劳动力利用率	总计	%	7.9	8.1	8.1	8.2	8.3	8.0	8.0	8.0	8.1	8.1	8.1	8.2
	男性	%	5.6	5.8	5.8	5.9	5.9	5.7	5.7	5.7	5.8	5.8	5.8	5.8
	女性	%	12.8	12.9	12.9	13.2	13.2	12.8	12.8	12.9	12.9	12.9	13.0	13.0
潜在劳动力	总计	百万人	47.2	48.5	49.6	50.4	51.9	51.5	52.4	53.4	54.4	55.4	56.4	57.5
	男性	百万人	17.5	18.2	18.5	18.8	19.5	19.4	19.8	20.2	20.6	21.0	21.5	21.9
	女性	百万人	29.7	30.3	31.0	31.7	32.5	32.0	32.6	33.2	33.8	34.4	35.0	35.6
极度工作贫困率	总计	%	16.6	15.7	14.9	14.1	13.4	12.8	12.1	11.5	10.9	10.4	9.8	9.3
中等工作贫困率	总计	%	31.0	30.3	29.5	28.3	27.5	26.5	25.7	24.9	24.0	23.1	22.2	21.3
极度工作贫困	总计	百万人	170.7	164.8	158.6	152.2	147.4	143.2	138.3	133.4	128.5	123.9	119.3	114.8
中等工作贫困	总计	百万人	318.7	317.5	314.5	306.7	302.3	297.8	293.6	288.6	282.9	276.7	270.0	262.8
工薪就业	总计	%	32.0	32.4	32.7	33.4	33.9	34.1	34.5	34.9	35.2	35.6	36.0	36.4
雇主	总计	%	2.6	2.5	2.6	2.6	2.6	2.7	2.7	2.7	2.7	2.8	2.8	2.8
自营劳动者	总计	%	49.4	49.6	49.5	49.5	49.4	49.5	49.5	49.5	49.5	49.5	49.6	49.6
无报酬家庭帮工	总计	%	16.0	15.5	15.3	14.5	14.2	13.8	13.3	12.9	12.5	12.1	11.7	11.3
生产力增长率	总计	%	3.9	3.7	3.8	4.4	3.8	3.5	4.3	4.3	4.3	4.2	4.2	4.1

中高收入国家(地区)

指标	性别	单位	2000年	2001年	2002年	2003年	2004年	2005年	2006年	2007年	2008年	2009年	2010年	2011年
劳动参与率	总计	%	69.9	69.4	68.9	68.3	68.0	67.7	67.3	67.0	66.8	66.6	66.1	66.0
	男性	%	80.0	79.4	78.9	78.2	77.9	77.6	77.2	77.0	76.8	76.6	76.3	76.1
	女性	%	59.8	59.4	59.0	58.5	58.1	57.8	57.5	57.1	56.8	56.6	56.0	55.9
劳动力	总计	百万人	1168.8	1180.2	1194.8	1207.4	1223.4	1238.1	1249.5	1260.8	1271.2	1281.5	1287.0	1297.6
	男性	百万人	668.3	674.9	682.8	690.7	700.5	709.1	716.1	723.5	730.8	736.9	741.6	747.7
	女性	百万人	500.6	505.3	512.0	516.7	522.9	529.0	533.4	537.4	540.4	544.6	545.4	550.0
就业人口占总人口的比例	总计	%	65.8	65.2	64.6	63.9	63.8	63.5	63.4	63.3	63.0	62.5	62.3	62.3
	男性	%	75.3	74.6	73.9	73.1	73.0	72.8	72.7	72.7	72.5	71.8	71.7	71.7
	女性	%	56.4	55.9	55.4	54.7	54.5	54.3	54.1	54.0	53.6	53.2	52.8	52.8
就业人口	总计	百万人	1100.9	1110.0	1120.2	1129.4	1147.7	1162.6	1176.7	1190.4	1200.0	1203.3	1211.7	1224.0
	男性	百万人	629.0	634.1	639.6	645.4	656.8	665.6	674.2	682.8	689.2	691.1	697.4	704.7
	女性	百万人	471.9	476.0	480.6	483.9	490.9	497.0	502.5	507.6	510.7	512.2	514.2	519.3
失业率	总计	%	5.8	5.9	6.2	6.5	6.2	6.1	5.8	5.6	5.6	6.1	5.9	5.7
	男性	%	5.9	6.1	6.3	6.6	6.2	6.1	5.9	5.6	5.7	6.2	6.0	5.8
	女性	%	5.7	5.8	6.1	6.3	6.1	6.0	5.8	5.5	5.5	5.9	5.7	5.6
失业人口	总计	百万人	67.9	70.2	74.6	78.0	75.7	75.6	72.8	70.4	71.3	78.2	75.4	73.6
	男性	百万人	39.2	40.9	43.3	45.3	43.7	43.6	41.9	40.7	41.6	45.9	44.1	43.0
	女性	百万人	28.6	29.3	31.3	32.8	32.0	32.0	30.9	29.7	29.7	32.4	31.2	30.6
劳动力利用率	总计	%						9.3	9.0	8.8	8.6	9.3	9.1	8.9
	男性	%						8.4	8.1	7.9	7.8	8.5	8.3	8.1
	女性	%						10.5	10.2	10.0	9.7	10.3	10.2	10.0
潜在劳动力	总计	百万人						43.7	43.9	44.0	42.1	44.8	45.9	45.9
	男性	百万人						17.6	17.6	17.5	16.9	18.2	18.7	18.7
	女性	百万人						26.1	26.3	26.5	25.3	26.6	27.2	27.2
极度工作贫困率	总计	%	27.0	25.0	22.5	20.2	16.9	14.1	12.3	11.2	10.9	9.8	8.8	6.5
中等工作贫困率	总计	%	21.7	20.9	20.0	19.4	18.2	17.1	15.5	14.1	12.9	12.0	11.1	10.0
极度工作贫困	总计	百万人	294.0	274.4	249.7	225.1	192.3	161.6	143.8	132.1	130.0	116.6	105.7	78.9
中等工作贫困	总计	百万人	236.0	229.5	221.6	216.5	206.9	196.7	180.8	165.6	153.3	143.0	132.7	121.7
工薪就业	总计	%	47.7	48.3	49.1	49.8	50.7	51.6	52.5	53.3	54.1	54.6	55.3	55.8
雇主	总计	%	2.9	3.0	3.1	3.1	3.1	3.2	3.2	3.2	3.2	3.2	3.2	3.1
自营劳动者	总计	%	31.3	31.3	31.0	30.9	30.6	30.3	30.0	29.7	29.4	29.4	29.2	29.1
无报酬家庭帮工	总计	%	18.0	17.4	16.8	16.2	15.6	14.9	14.3	13.7	13.2	12.8	12.3	12.0
生产力增长率	总计	%	4.9	2.9	4.2	4.7	6.4	5.9	7.1	7.9	5.2	1.7	6.8	5.3

中高收入国家（地区）（续表）

指标	性别	单位	2012年	2013年	2014年	2015年	2016年	2017年	2018年	2019年	2020年	2021年	2022年	2023年
劳动参与率	总计	%	66.0	65.8	65.6	65.5	65.3	65.1	64.8	64.4	64.0	63.6	63.2	62.7
	男性	%	76.1	75.9	75.8	75.7	75.4	75.3	75.0	74.6	74.3	73.9	73.5	73.1
	女性	%	56.0	55.7	55.4	55.3	55.1	55.0	54.6	54.1	53.7	53.3	52.8	52.4
劳动力	总计	百万人	1310.0	1317.3	1323.3	1332.3	1338.1	1344.8	1347.8	1349.7	1350.9	1351.9	1352.0	1351.4
	男性	百万人	754.5	759.4	763.9	769.2	772.7	776.8	779.7	782.0	783.9	785.5	786.4	787.0
	女性	百万人	555.5	557.9	559.4	563.1	565.4	568.0	568.0	567.7	567.0	566.4	565.5	564.4
就业人口占总人口的比例	总计	%	62.3	62.1	61.9	61.7	61.4	61.2	60.9	60.5	60.2	59.8	59.4	59.0
	男性	%	71.7	71.6	71.4	71.2	70.9	70.7	70.5	70.1	69.9	69.5	69.1	68.7
	女性	%	52.9	52.7	52.4	52.2	51.8	51.7	51.3	50.9	50.5	50.1	49.7	49.2
就业人口	总计	百万人	1235.8	1243.3	1249.4	1255.5	1257.6	1263.9	1267.1	1268.5	1270.1	1270.7	1270.9	1270.1
	男性	百万人	710.8	716.1	720.4	724.2	725.9	730.0	732.9	735.0	737.1	738.4	739.4	739.8
	女性	百万人	525.0	527.2	529.0	531.3	531.7	534.0	534.2	533.4	533.0	532.3	531.5	530.3
失业率	总计	%	5.7	5.6	5.6	5.8	6.0	6.0	6.0	6.0	6.0	6.0	6.0	6.0
	男性	%	5.8	5.7	5.7	5.8	6.1	6.0	6.0	6.0	6.0	6.0	6.0	6.0
	女性	%	5.5	5.5	5.4	5.6	6.0	6.0	6.0	6.0	6.0	6.0	6.0	6.0
失业人口	总计	百万人	74.2	74.1	73.9	76.8	80.5	80.9	80.7	81.2	80.8	81.2	81.1	81.3
	男性	百万人	43.7	43.3	43.5	44.9	46.8	46.9	46.8	47.0	46.8	47.1	47.1	47.2
	女性	百万人	30.5	30.7	30.4	31.8	33.7	34.0	33.9	34.2	34.0	34.1	34.0	34.1
劳动力利用率	总计	%	8.9	8.8	8.8	9.0	9.3	9.3	9.4	9.4	9.4	9.5	9.5	9.6
	男性	%	8.1	8.0	8.0	8.1	8.4	8.4	8.4	8.5	8.4	8.5	8.5	8.6
	女性	%	10.0	9.9	9.8	10.1	10.5	10.6	10.6	10.7	10.8	10.9	10.9	11.0
潜在劳动力	总计	百万人	46.4	46.2	46.0	46.7	48.3	49.4	50.1	50.9	51.5	52.3	53.0	53.7
	男性	百万人	18.9	18.9	18.9	19.1	19.8	20.3	20.6	20.9	21.2	21.6	22.0	22.4
	女性	百万人	27.5	27.3	27.0	27.6	28.5	29.2	29.5	30.0	30.3	30.7	31.0	31.4
极度工作贫困率	总计	%	5.3	1.9	1.5	1.0	0.9	0.9	0.9	0.8	0.8	0.7	0.7	0.7
中等工作贫困率	总计	%	9.0	7.6	6.3	5.4	5.0	4.6	4.4	4.1	3.9	3.7	3.5	3.3
极度工作贫困	总计	百万人	65.3	23.6	18.7	12.8	11.8	11.2	10.8	10.2	9.7	9.2	8.8	8.3
中等工作贫困	总计	百万人	109.9	93.0	78.5	66.7	61.9	58.1	54.8	51.8	49.0	46.3	43.9	41.6
工薪就业	总计	%	56.5	57.1	57.7	58.1	58.4	58.8	59.2	59.6	60.0	60.3	60.7	61.0
雇主	总计	%	3.2	3.2	3.2	3.2	3.2	3.3	3.3	3.3	3.4	3.4	3.4	3.4
自营劳动者	总计	%	28.7	28.7	28.5	28.5	28.6	28.4	28.3	28.2	28.0	27.9	27.8	27.7
无报酬家庭帮工	总计	%	11.6	11.1	10.6	10.2	9.8	9.5	9.2	8.9	8.6	8.4	8.1	7.9
生产力增长率	总计	%	4.4	4.5	3.9	3.0	4.0	4.2	4.4	4.4	4.2	4.2	4.1	4.1

高收入国家（地区）

指标	性别	单位	2000年	2001年	2002年	2003年	2004年	2005年	2006年	2007年	2008年	2009年	2010年	2011年
劳动参与率	总计	%	60.6	60.4	60.3	60.3	60.3	60.5	60.6	60.7	60.8	60.6	60.4	60.2
	男性	%	71.0	70.6	70.3	70.1	69.9	70.0	70.0	70.0	69.9	69.4	69.1	68.9
	女性	%	50.6	50.6	50.7	50.9	51.0	51.3	51.6	51.7	52.0	52.0	51.9	51.9
劳动力	总计	百万人	543.3	546.6	551.3	556.3	561.5	568.9	575.7	582.2	589.1	592.7	595.8	599.1
	男性	百万人	310.8	312.2	314.3	316.3	318.9	322.6	326.1	329.7	333.2	334.3	336.0	337.7
	女性	百万人	232.5	234.5	237.0	240.0	242.6	246.2	249.6	252.5	256.0	258.4	259.8	261.4
就业人口占总人口的比例	总计	%	56.5	56.2	55.9	55.8	56.0	56.4	56.8	57.3	57.2	55.8	55.4	55.5
	男性	%	66.5	66.0	65.3	65.1	65.1	65.5	65.9	66.2	66.0	63.8	63.4	63.5
	女性	%	46.9	46.9	46.8	47.0	47.2	47.6	48.1	48.6	48.8	48.0	47.7	47.7
就业人口	总计	百万人	506.4	509.3	510.6	515.2	521.2	530.2	539.8	549.2	554.3	545.4	546.9	551.9
	男性	百万人	291.2	291.9	291.8	293.8	297.0	301.9	307.0	312.1	314.2	307.1	308.2	311.5
	女性	百万人	215.2	217.4	218.7	221.4	224.2	228.3	232.8	237.1	240.1	238.2	238.7	240.4
失业率	总计	%	6.8	6.8	7.4	7.4	7.2	6.8	6.2	5.7	5.9	8.0	8.2	7.9
	男性	%	6.3	6.5	7.2	7.1	6.8	6.4	5.9	5.3	5.7	8.1	8.3	7.7
	女性	%	7.4	7.3	7.7	7.7	7.6	7.3	6.7	6.1	6.2	7.8	8.1	8.1
失业人口	总计	百万人	36.9	37.4	40.7	41.1	40.3	38.7	35.9	33.0	34.8	47.3	48.9	47.2
	男性	百万人	19.6	20.3	22.5	22.6	21.8	20.7	19.1	17.6	18.9	27.1	27.8	26.1
	女性	百万人	17.3	17.0	18.2	18.5	18.5	18.0	16.8	15.4	15.9	20.1	21.1	21.0
劳动力利用率	总计	%						10.1	9.5	8.9	9.1	11.2	11.5	11.2
	男性	%						8.7	8.1	7.6	7.9	10.5	10.7	10.2
	女性	%						11.8	11.2	10.5	10.6	12.1	12.5	12.4
潜在劳动力	总计	百万人						20.8	20.8	20.6	20.6	21.6	22.0	22.2
	男性	百万人						8.1	8.1	8.1	8.1	8.8	9.0	9.1
	女性	百万人						12.6	12.7	12.5	12.5	12.8	13.0	13.1
工薪就业	总计	%	84.4	84.5	84.7	84.7	84.8	85.0	85.3	85.6	85.9	85.9	86.0	86.2
雇主	总计	%	4.0	3.9	3.8	3.8	3.9	3.8	3.8	3.8	3.8	3.7	3.7	3.6
自营劳动者	总计	%	9.6	9.6	9.6	9.6	9.6	9.5	9.3	9.2	9.0	9.1	9.0	8.9
无报酬家庭帮工	总计	%	2.1	2.0	1.9	1.9	1.8	1.7	1.5	1.5	1.4	1.3	1.3	1.2
生产力增长率	总计	%	2.7	0.8	1.2	1.5	2.4	1.3	1.4	1.1	－0.3	－1.7	3.0	1.3

高收入国家（地区）（续表）

指标	性别	单位	2012年	2013年	2014年	2015年	2016年	2017年	2018年	2019年	2020年	2021年	2022年	2023年
劳动参与率	总计	%	60.3	60.3	60.3	60.3	60.5	60.6	60.5	60.3	60.1	59.9	59.7	59.5
	男性	%	68.9	68.7	68.6	68.6	68.6	68.6	68.4	68.2	68.0	67.7	67.4	67.1
	女性	%	52.0	52.1	52.2	52.3	52.5	52.8	52.7	52.6	52.5	52.3	52.1	52.0
劳动力	总计	百万人	604.4	608.5	612.5	616.5	622.0	627.2	628.9	630.6	632.2	632.8	633.5	634.2
	男性	百万人	340.4	342.3	344.1	346.3	348.8	351.0	352.0	353.0	354.0	354.2	354.5	354.8
	女性	百万人	264.0	266.2	268.3	270.2	273.3	276.2	276.9	277.6	278.2	278.6	279.0	279.4
就业人口占总人口的比例	总计	%	55.6	55.6	55.9	56.3	56.7	57.2	57.3	57.2	57.1	56.8	56.6	56.4
	男性	%	63.6	63.5	63.8	64.2	64.5	64.9	65.0	64.9	64.7	64.4	64.1	63.8
	女性	%	47.7	47.9	48.3	48.6	49.1	49.7	49.8	49.7	49.6	49.4	49.2	49.0
就业人口	总计	百万人	556.6	560.9	568.2	575.5	583.4	591.5	595.9	598.3	600.0	600.3	600.7	601.1
	男性	百万人	314.2	316.2	320.1	324.0	328.0	331.9	334.4	336.0	337.1	337.2	337.5	337.6
	女性	百万人	242.3	244.7	248.1	251.5	255.5	259.6	261.5	262.3	262.9	263.0	263.3	263.5
失业率	总计	%	7.9	7.8	7.2	6.7	6.2	5.7	5.3	5.1	5.1	5.1	5.2	5.2
	男性	%	7.7	7.6	7.0	6.4	6.0	5.4	5.0	4.8	4.8	4.8	4.8	4.8
	女性	%	8.2	8.1	7.6	6.9	6.5	6.0	5.6	5.5	5.5	5.6	5.7	5.7
失业人口	总计	百万人	47.8	47.6	44.3	41.0	38.6	35.6	33.1	32.3	32.2	32.6	32.8	33.2
	男性	百万人	26.2	26.1	24.0	22.2	20.8	19.0	17.6	17.1	16.9	17.0	17.0	17.2
	女性	百万人	21.7	21.5	20.3	18.8	17.8	16.6	15.5	15.3	15.3	15.6	15.8	16.0
劳动力利用率	总计	%	11.2	11.1	10.6	9.9	9.4	8.8	8.3	8.2	8.2	8.3	8.4	8.4
	男性	%	10.1	10.0	9.5	8.9	8.4	7.8	7.4	7.2	7.1	7.2	7.2	7.3
	女性	%	12.6	12.4	11.9	11.3	10.5	9.9	9.5	9.5	9.5	9.7	9.7	9.8
潜在劳动力	总计	百万人	22.5	22.5	22.8	22.4	21.7	21.1	21.1	21.2	21.4	21.7	21.9	22.2
	男性	百万人	9.2	9.2	9.4	9.2	9.4	9.1	8.9	9.0	9.0	9.2	9.3	9.5
	女性	百万人	13.4	13.3	13.4	13.2	12.3	12.0	12.1	12.2	12.4	12.5	12.6	12.7
工薪就业	总计	%	86.4	86.6	86.7	86.9	87.0	87.1	87.2	87.2	87.3	87.3	87.4	87.4
雇主	总计	%	3.5	3.5	3.4	3.4	3.4	3.3	3.3	3.3	3.3	3.3	3.3	3.3
自营劳动者	总计	%	8.9	8.8	8.8	8.7	8.7	8.6	8.6	8.6	8.6	8.6	8.5	8.5
无报酬家庭帮工	总计	%	1.2	1.1	1.1	1.0	1.0	1.0	0.9	0.9	0.9	0.8	0.8	0.8
生产力增长率	总计	%	0.5	0.7	0.8	1.1	0.3	0.8	1.8	1.8	1.5	1.7	1.7	1.7

北非

指标	性别	单位	2000年	2001年	2002年	2003年	2004年	2005年	2006年	2007年	2008年	2009年	2010年	2011年
劳动参与率	总计	%	47.2	46.8	46.5	46.6	46.8	46.9	46.9	47.3	47.2	47.4	47.7	47.7
	男性	%	74.1	73.3	73.2	73.2	73.2	73.2	73.1	73.1	73.4	73.4	73.9	73.9
	女性	%	20.5	20.5	19.9	20.3	20.6	20.8	21.0	21.8	21.2	21.7	21.8	21.8
劳动力	总计	百万人	51.8	52.9	53.9	55.6	57.2	58.7	60.1	61.9	63.0	64.7	66.3	67.6
	男性	百万人	40.5	41.2	42.3	43.4	44.6	45.6	46.6	47.6	48.8	49.7	51.1	52.1
	女性	百万人	11.3	11.6	11.6	12.1	12.6	13.1	13.5	14.3	14.3	14.9	15.2	15.5
就业人口占总人口的比例	总计	%	39.9	39.9	39.7	39.8	40.7	40.8	41.4	42.0	42.2	42.5	42.8	42.0
	男性	%	63.9	63.7	63.8	63.7	65.1	65.2	66.1	66.2	67.0	67.8	68.4	66.9
	女性	%	16.2	16.4	15.7	16.1	16.4	16.6	17.0	18.1	17.6	17.5	17.5	17.4
就业人口	总计	百万人	43.9	45.1	46.0	47.4	49.7	51.1	53.1	55.0	56.4	58.0	59.5	59.6
	男性	百万人	34.9	35.8	36.9	37.8	39.6	40.7	42.1	43.1	44.5	46.0	47.3	47.2
	女性	百万人	8.9	9.3	9.2	9.6	10.1	10.4	11.0	11.9	11.8	12.0	12.3	12.4
失业率	总计	%	15.4	14.7	14.6	14.7	13.1	12.9	11.7	11.2	10.6	10.3	10.2	11.8
	男性	%	13.8	13.2	12.9	13.0	11.1	10.9	9.6	9.4	8.7	7.6	7.5	9.4
	女性	%	21.0	20.2	20.9	20.7	20.2	20.0	18.9	17.0	17.0	19.3	19.5	20.0
失业人口	总计	百万人	8.0	7.8	7.9	8.2	7.5	7.6	7.0	6.9	6.7	6.7	6.8	8.0
	男性	百万人	5.6	5.4	5.4	5.6	4.9	5.0	4.5	4.5	4.2	3.8	3.8	4.9
	女性	百万人	2.4	2.4	2.4	2.5	2.5	2.6	2.5	2.4	2.4	2.9	3.0	3.1
劳动力利用率	总计	%						21.5	20.2	19.6	19.0	18.7	18.5	20.3
	男性	%						16.8	15.3	15.2	14.3	13.0	12.7	14.9
	女性	%						35.8	34.7	32.3	32.7	34.8	35.1	35.6
潜在劳动力	总计	百万人						6.4	6.4	6.5	6.5	6.6	6.8	7.2
	男性	百万人						3.2	3.1	3.2	3.2	3.1	3.1	3.4
	女性	百万人						3.2	3.3	3.2	3.3	3.6	3.7	3.8
极度工作贫困率	总计	%	5.4	5.0	4.6	4.3	4.3	4.4	3.9	3.5	3.1	2.8	2.5	2.5
中等工作贫困率	总计	%	17.9	17.7	17.4	17.7	18.3	18.2	17.4	17.0	16.2	15.2	14.4	14.1
极度工作贫困	总计	百万人	2.3	2.2	2.1	2.0	2.1	2.2	2.0	1.9	1.8	1.6	1.5	1.5
中等工作贫困	总计	百万人	7.8	8.0	8.0	8.4	9.1	9.3	9.2	9.3	9.1	8.8	8.5	8.4
工薪就业	总计	%	57.0	57.7	57.4	56.7	56.0	57.7	59.6	58.6	59.2	59.4	60.2	59.9
雇主	总计	%	9.8	10.1	9.8	10.0	9.7	8.6	8.0	8.3	8.7	8.8	8.7	8.8
自营劳动者	总计	%	18.1	18.2	18.6	18.6	18.8	18.9	18.5	19.2	18.8	18.9	19.5	19.9
无报酬家庭帮工	总计	%	15.1	13.9	14.2	14.7	15.6	14.9	13.9	13.8	13.2	12.9	11.6	11.4
生产力增长率	总计	%	2.8	0.7	1.1	2.7	- 0.4	2.6	1.8	2.2	2.7	0.3	1.7	- 4.2

北非（续表）

指标	性别	单位	2012年	2013年	2014年	2015年	2016年	2017年	2018年	2019年	2020年	2021年	2022年	2023年
劳动参与率	总计	%	47.8	48.1	47.6	46.8	46.5	46.3	46.3	46.3	46.2	46.1	46.0	45.9
	男性	%	73.8	74.0	73.1	72.0	71.5	71.3	71.2	71.1	71.0	70.8	70.7	70.4
	女性	%	22.0	22.6	22.3	21.7	21.7	21.6	21.6	21.6	21.6	21.6	21.6	21.6
劳动力	总计	百万人	69.0	70.7	71.2	71.2	72.1	73.1	74.5	75.9	77.1	78.6	79.9	81.1
	男性	百万人	53.0	54.0	54.4	54.6	55.1	56.0	57.0	58.1	59.0	60.1	61.1	62.0
	女性	百万人	16.0	16.7	16.8	16.7	16.9	17.1	17.4	17.8	18.1	18.5	18.8	19.2
就业人口占总人口的比例	总计	%	41.9	42.2	41.7	41.0	41.0	40.8	40.8	40.8	40.8	40.7	40.7	40.5
	男性	%	66.6	66.7	65.9	65.0	65.0	64.7	64.8	64.7	64.6	64.5	64.3	64.0
	女性	%	17.5	18.0	17.8	17.2	17.2	17.1	17.1	17.1	17.2	17.2	17.2	17.2
就业人口	总计	百万人	60.5	62.0	62.4	62.4	63.5	64.4	65.7	66.9	68.1	69.4	70.5	71.6
	男性	百万人	47.8	48.8	49.1	49.3	50.1	50.8	51.9	52.8	53.7	54.7	55.5	56.3
	女性	百万人	12.7	13.3	13.4	13.2	13.4	13.5	13.8	14.1	14.4	14.7	15.0	15.3
失业率	总计	%	12.3	12.3	12.3	12.4	11.9	11.9	11.8	11.8	11.7	11.7	11.7	11.7
	男性	%	9.8	9.8	9.8	9.8	9.2	9.2	9.1	9.1	9.0	9.0	9.1	9.1
	女性	%	20.5	20.3	20.3	20.9	20.8	20.8	20.8	20.8	20.6	20.3	20.3	20.2
失业人口	总计	百万人	8.5	8.7	8.8	8.8	8.6	8.7	8.8	9.0	9.1	9.2	9.3	9.5
	男性	百万人	5.2	5.3	5.4	5.3	5.1	5.1	5.2	5.3	5.3	5.4	5.5	5.6
	女性	百万人	3.3	3.4	3.4	3.5	3.5	3.6	3.6	3.7	3.7	3.8	3.8	3.9
劳动力利用率	总计	%	20.7	20.7	20.8	20.9	20.5	20.5	20.4	20.4	20.3	20.2	20.3	20.3
	男性	%	15.4	15.4	15.5	15.6	15.0	15.0	14.9	14.8	14.8	14.8	14.8	14.8
	女性	%	36.0	35.5	35.4	36.0	35.8	35.9	35.9	35.9	35.8	35.6	35.5	35.5
潜在劳动力	总计	百万人	7.4	7.5	7.6	7.7	7.7	7.9	8.0	8.1	8.3	8.4	8.6	8.7
	男性	百万人	3.5	3.6	3.7	3.8	3.8	3.8	3.9	3.9	4.0	4.1	4.1	4.2
	女性	百万人	3.9	3.9	3.9	3.9	4.0	4.0	4.1	4.2	4.3	4.4	4.5	4.5
极度工作贫困率	总计	%	2.2	2.0	1.7	1.6	1.5	1.4	1.4	1.3	1.3	1.2	1.1	1.1
中等工作贫困率	总计	%	12.9	12.4	11.3	9.9	9.7	9.5	9.3	9.0	8.8	8.4	8.2	8.0
极度工作贫困	总计	百万人	1.3	1.3	1.1	1.0	0.9	0.9	0.9	0.9	0.8	0.8	0.8	0.8
中等工作贫困	总计	百万人	7.8	7.6	7.0	6.1	6.2	6.1	6.1	6.0	5.9	5.8	5.8	5.7
工薪就业	总计	%	60.7	60.5	60.4	61.2	64.1	63.7	63.9	64.0	64.2	64.4	64.6	64.7
雇主	总计	%	9.0	7.7	8.3	7.5	6.9	6.9	7.0	7.0	7.1	7.1	7.2	7.2
自营劳动者	总计	%	19.6	20.4	19.7	19.5	19.1	19.4	19.4	19.3	19.3	19.3	19.2	19.2
无报酬家庭帮工	总计	%	10.7	11.3	11.6	11.8	9.9	10.0	9.8	9.6	9.4	9.2	9.0	8.8
生产力增长率	总计	%	5.5	－0.9	0.7	3.5	1.5	2.9	2.2	2.3	2.5	2.3	2.6	2.6

撒哈拉以南非洲

指标	性别	单位	2000年	2001年	2002年	2003年	2004年	2005年	2006年	2007年	2008年	2009年	2010年	2011年
劳动参与率	总计	%	69.5	69.5	69.5	69.3	69.1	69.2	69.2	69.1	69.0	68.6	68.3	68.1
	男性	%	75.9	75.9	75.8	75.6	75.3	75.3	75.2	75.0	74.9	74.5	74.1	73.8
	女性	%	63.4	63.4	63.4	63.3	63.2	63.4	63.5	63.3	63.2	63.0	62.7	62.6
劳动力	总计	百万人	249.5	256.1	263.2	269.9	276.8	285.2	293.1	300.6	308.9	316.5	324.3	333.0
	男性	百万人	133.9	137.4	141.1	144.7	148.3	152.6	156.6	160.6	165.0	169.1	173.2	177.7
	女性	百万人	115.6	118.7	122.0	125.2	128.5	132.6	136.5	140.0	143.8	147.4	151.1	155.3
就业人口占总人口的比例	总计	%	64.4	64.4	64.2	64.2	64.3	64.5	64.7	64.9	65.1	64.5	64.1	64.1
	男性	%	70.7	70.6	70.5	70.4	70.4	70.6	70.8	70.8	70.9	70.2	69.8	69.6
	女性	%	58.3	58.3	58.1	58.1	58.3	58.6	58.9	59.2	59.5	59.0	58.6	58.7
就业人口	总计	百万人	231.0	237.2	243.1	249.9	257.3	265.7	274.1	282.5	291.6	297.5	304.4	313.1
	男性	百万人	124.7	127.9	131.3	134.9	138.7	143.0	147.4	151.7	156.3	159.3	163.1	167.6
	女性	百万人	106.3	109.2	111.8	115.0	118.6	122.6	126.7	130.8	135.3	138.1	141.3	145.5
失业率	总计	%	7.4	7.4	7.6	7.4	7.0	6.8	6.5	6.0	5.6	6.0	6.1	6.0
	男性	%	6.9	6.9	7.0	6.8	6.5	6.2	5.9	5.5	5.3	5.8	5.8	5.7
	女性	%	8.0	8.0	8.4	8.2	7.7	7.5	7.2	6.6	6.0	6.3	6.5	6.3
失业人口	总计	百万人	18.5	19.0	20.1	20.1	19.5	19.5	19.0	18.1	17.3	19.0	19.9	19.9
	男性	百万人	9.2	9.5	9.8	9.9	9.6	9.5	9.2	8.9	8.7	9.7	10.1	10.1
	女性	百万人	9.2	9.5	10.2	10.2	9.9	10.0	9.8	9.2	8.6	9.3	9.8	9.8
劳动力利用率	总计	%						12.4	12.0	11.5	10.4	11.0	11.3	11.1
	男性	%						10.2	9.8	9.4	8.6	9.2	9.4	9.3
	女性	%						14.9	14.5	13.9	12.4	12.9	13.3	13.2
潜在劳动力	总计	百万人						18.3	18.5	18.7	16.5	17.7	18.8	19.4
	男性	百万人						6.7	6.8	6.8	6.0	6.4	6.9	7.1
	女性	百万人						11.5	11.7	11.9	10.6	11.3	12.0	12.3
极度工作贫困率	总计	%	55.3	54.3	53.5	52.3	50.7	49.5	48.5	47.6	46.9	46.0	45.1	43.8
中等工作贫困率	总计	%	21.3	21.9	22.5	23.2	23.8	24.1	24.3	24.5	24.6	24.8	25.0	25.3
极度工作贫困	总计	百万人	126.3	127.2	128.5	129.2	129.0	129.9	131.3	132.8	134.9	135.1	135.6	135.3
中等工作贫困	总计	百万人	48.6	51.3	54.2	57.2	60.5	63.3	65.8	68.3	70.9	72.8	75.1	78.2
工薪就业	总计	%	19.6	19.4	19.4	19.4	19.6	19.7	20.0	20.3	20.8	20.9	21.0	21.3
雇主	总计	%	2.2	2.3	2.3	2.3	2.3	2.3	2.3	2.3	2.3	2.3	2.3	2.3
自营劳动者	总计	%	50.8	51.0	50.9	50.9	50.8	50.7	50.7	50.7	50.7	51.0	51.1	51.1
无报酬家庭帮工	总计	%	27.4	27.4	27.4	27.4	27.3	27.2	27.0	26.7	26.2	25.9	25.6	25.3
生产力增长率	总计	%	0.5	1.3	1.1	2.0	9.3	2.2	3.5	3.7	2.1	1.3	3.4	2.2

撒哈拉以南非洲（续表）

指标	性别	单位	2012年	2013年	2014年	2015年	2016年	2017年	2018年	2019年	2020年	2021年	2022年	2023年
劳动参与率	总计	%	68.0	68.0	67.8	67.9	67.9	68.0	68.0	68.0	68.0	68.0	67.9	67.9
	男性	%	73.6	73.5	73.3	73.2	73.1	73.1	73.0	73.0	73.0	72.9	72.9	72.9
	女性	%	62.5	62.6	62.6	62.7	62.8	63.0	63.0	63.1	63.1	63.1	63.1	63.1
劳动力	总计	百万人	342.2	352.3	362.5	373.9	385.3	397.5	409.8	422.5	435.6	448.8	462.4	476.4
	男性	百万人	182.6	187.8	193.1	198.9	204.8	210.9	217.4	224.1	231.0	238.0	245.2	252.6
	女性	百万人	159.6	164.6	169.5	175.0	180.6	186.7	192.4	198.4	204.6	210.8	217.2	223.8
就业人口占总人口的比例	总计	%	64.0	64.1	64.0	63.9	63.8	63.9	64.0	63.9	63.9	63.9	63.9	63.9
	男性	%	69.5	69.4	69.3	69.1	68.9	68.9	68.9	68.9	68.9	68.8	68.8	68.8
	女性	%	58.7	58.8	58.8	58.8	58.8	59.1	59.1	59.1	59.1	59.1	59.1	59.1
就业人口	总计	百万人	322.3	332.2	341.9	352.0	362.0	374.0	385.6	397.5	409.8	422.1	434.9	448.0
	男性	百万人	172.4	177.5	182.6	187.8	193.0	199.0	205.2	211.5	218.0	224.6	231.4	238.4
	女性	百万人	149.9	154.7	159.3	164.2	169.0	175.0	180.4	186.0	191.7	197.5	203.5	209.6
失业率	总计	%	5.8	5.7	5.7	5.9	6.1	5.9	5.9	5.9	5.9	6.0	5.9	6.0
	男性	%	5.6	5.5	5.4	5.6	5.8	5.6	5.6	5.6	5.6	5.6	5.6	5.6
	女性	%	6.1	6.0	6.0	6.2	6.4	6.3	6.2	6.3	6.3	6.3	6.3	6.3
失业人口	总计	百万人	19.9	20.1	20.6	22.0	23.3	23.6	24.2	25.0	25.9	26.7	27.5	28.4
	男性	百万人	10.2	10.3	10.5	11.1	11.8	11.9	12.2	12.6	13.0	13.4	13.8	14.2
	女性	百万人	9.7	9.9	10.1	10.8	11.6	11.7	12.0	12.4	12.9	13.3	13.7	14.2
劳动力利用率	总计	%	11.0	10.9	10.8	10.9	11.1	10.9	10.9	10.9	11.0	11.0	11.0	11.0
	男性	%	9.2	9.2	9.1	9.2	9.4	9.3	9.2	9.3	9.3	9.3	9.3	9.3
	女性	%	12.9	12.7	12.6	12.8	13.0	12.8	12.7	12.8	12.8	12.8	12.8	12.8
潜在劳动力	总计	百万人	19.8	20.3	20.7	21.2	21.8	22.4	23.0	23.8	24.5	25.3	26.1	26.9
	男性	百万人	7.3	7.6	7.8	7.9	8.2	8.4	8.7	9.0	9.3	9.6	9.9	10.2
	女性	百万人	12.5	12.7	12.9	13.2	13.6	13.9	14.3	14.8	15.3	15.7	16.2	16.7
极度工作贫困率	总计	%	42.3	41.7	40.8	40.1	39.7	39.2	38.5	37.8	37.1	36.3	35.6	34.8
中等工作贫困率	总计	%	25.5	25.5	25.3	25.2	24.9	24.9	24.8	24.7	24.6	24.5	24.3	24.1
极度工作贫困	总计	百万人	134.5	136.6	137.6	139.1	141.8	144.4	146.3	148.1	149.8	151.3	152.7	154.0
中等工作贫困	总计	百万人	81.1	83.4	85.5	87.4	89.0	91.7	94.3	96.8	99.4	101.8	104.2	106.6
工薪就业	总计	%	21.6	21.9	22.1	22.3	22.4	22.5	22.6	22.7	22.9	23.0	23.2	23.3
雇主	总计	%	2.4	2.4	2.5	2.5	2.5	2.5	2.5	2.5	2.6	2.6	2.6	2.6
自营劳动者	总计	%	51.2	51.3	51.3	51.4	51.4	51.4	51.4	51.4	51.5	51.5	51.5	51.5
无报酬家庭帮工	总计	%	24.8	24.3	24.1	23.8	23.7	23.6	23.4	23.3	23.1	22.9	22.7	22.6
生产力增长率	总计	%	1.0	2.0	2.1	0.3	-1.4	-0.4	0.6	0.9	1.2	1.3	1.4	1.5

北美

指标	性别	单位	2000年	2001年	2002年	2003年	2004年	2005年	2006年	2007年	2008年	2009年	2010年	2011年
劳动参与率	总计	%	66.3	66.0	65.8	65.5	65.2	65.2	65.3	65.2	65.2	64.6	63.9	63.4
	男性	%	74.0	73.5	73.1	72.6	72.3	72.2	72.3	72.1	71.9	70.9	70.1	69.6
	女性	%	59.0	58.8	58.7	58.7	58.5	58.5	58.6	58.6	58.8	58.5	58.0	57.4
劳动力	总计	百万人	162.9	164.1	165.4	166.5	167.7	169.6	171.7	173.3	175.4	175.6	175.7	176.0
	男性	百万人	88.7	89.2	89.8	90.1	90.8	91.9	92.9	93.7	94.6	94.4	94.4	94.7
	女性	百万人	74.2	74.9	75.6	76.4	76.8	77.8	78.7	79.6	80.8	81.2	81.3	81.3
就业人口占总人口的比例	总计	%	63.5	62.7	61.8	61.5	61.5	61.8	62.2	62.1	61.4	58.7	57.9	57.8
	男性	%	70.9	69.8	68.6	67.9	68.1	68.4	68.8	68.5	67.5	63.6	62.9	63.1
	女性	%	56.4	56.0	55.4	55.3	55.2	55.4	55.8	55.9	55.6	53.9	53.0	52.6
就业人口	总计	百万人	155.9	156.0	155.5	156.2	158.1	160.7	163.4	165.0	165.2	159.6	159.0	160.5
	男性	百万人	84.9	84.7	84.3	84.3	85.6	87.0	88.5	89.1	88.8	84.8	84.6	86.0
	女性	百万人	71.0	71.3	71.3	71.9	72.6	73.7	74.9	75.9	76.4	74.8	74.4	74.6
失业率	总计	%	4.3	5.0	6.0	6.2	5.7	5.3	4.8	4.8	5.8	9.2	9.5	8.8
	男性	%	4.2	5.1	6.2	6.4	5.8	5.3	4.8	4.9	6.1	10.2	10.3	9.2
	女性	%	4.4	4.9	5.8	5.8	5.6	5.2	4.8	4.6	5.4	7.9	8.5	8.3
失业人口	总计	百万人	7.0	8.2	9.9	10.2	9.6	8.9	8.2	8.3	10.2	16.1	16.6	15.5
	男性	百万人	3.7	4.5	5.5	5.8	5.3	4.8	4.5	4.6	5.8	9.6	9.7	8.7
	女性	百万人	3.2	3.7	4.4	4.4	4.3	4.1	3.8	3.7	4.4	6.5	6.9	6.7
劳动力利用率	总计	%						6.2	5.7	5.6	6.7	10.3	10.7	10.0
	男性	%						6.1	5.6	5.7	7.0	11.3	11.5	10.4
	女性	%						6.3	5.8	5.5	6.4	9.1	9.7	9.6
潜在劳动力	总计	百万人						1.7	1.6	1.5	1.7	2.2	2.4	2.4
	男性	百万人						0.8	0.8	0.8	0.9	1.2	1.3	1.3
	女性	百万人						0.9	0.8	0.8	0.9	1.0	1.1	1.2
工薪就业	总计	%	2.5	1.0	2.2	2.3	2.5	1.7	1.0	0.8	－0.3	0.6	2.9	0.8
雇主	总计	%	91.6	91.8	91.9	91.6	91.6	91.7	91.8	91.9	92.1	91.9	92.0	92.2
自营劳动者	总计	%	3.3	3.2	3.2	3.3	3.3	3.3	3.2	3.1	3.1	3.1	3.1	3.0
无报酬家庭帮工	总计	%	5.0	4.9	4.9	5.0	5.0	5.0	4.9	4.9	4.8	4.9	4.8	4.7
生产力增长率	总计	%	0.1	0.1	0.1	0.1	0.1	0.1	0.1	0.1	0.1	0.1	0.1	0.1

北美（续表）

指标	性别	单位	2012年	2013年	2014年	2015年	2016年	2017年	2018年	2019年	2020年	2021年	2022年	2023年
劳动参与率	总计	%	63.2	62.9	62.6	62.4	62.5	62.6	62.4	62.1	61.8	61.5	61.2	61.0
	男性	%	69.5	69.2	68.7	68.6	68.7	68.6	68.4	68.1	67.8	67.5	67.2	66.9
	女性	%	57.2	56.9	56.6	56.3	56.5	56.8	56.5	56.3	56.0	55.8	55.5	55.2
劳动力	总计	百万人	177.4	178.2	179.0	180.1	182.1	184.0	184.7	185.4	186.2	186.8	187.5	188.2
	男性	百万人	95.6	96.2	96.5	97.3	98.4	99.1	99.5	100.0	100.5	100.8	101.2	101.7
	女性	百万人	81.8	82.1	82.5	82.8	83.8	84.9	85.2	85.5	85.8	86.0	86.3	86.6
就业人口占总人口的比例	总计	%	58.2	58.3	58.7	59.0	59.3	59.8	59.8	59.5	59.2	58.8	58.5	58.2
	男性	%	63.8	63.9	64.4	64.8	65.1	65.5	65.4	65.2	64.9	64.5	64.2	63.9
	女性	%	52.8	52.9	53.2	53.4	53.7	54.3	54.3	54.0	53.7	53.3	53.0	52.7
就业人口	总计	百万人	163.3	165.1	167.8	170.3	172.8	175.6	177.1	177.8	178.3	178.6	179.2	179.7
	男性	百万人	87.8	88.8	90.3	91.9	93.2	94.5	95.3	95.8	96.1	96.3	96.7	97.1
	女性	百万人	75.5	76.3	77.5	78.4	79.6	81.1	81.8	82.0	82.2	82.2	82.4	82.7
失业率	总计	%	8.0	7.3	6.2	5.5	5.1	4.6	4.2	4.1	4.3	4.4	4.4	4.5
	男性	%	8.2	7.6	6.4	5.6	5.2	4.7	4.3	4.2	4.3	4.4	4.4	4.5
	女性	%	7.8	7.0	6.1	5.3	5.0	4.5	4.0	4.0	4.2	4.4	4.4	4.5
失业人口	总计	百万人	14.2	13.1	11.2	9.8	9.3	8.4	7.7	7.6	7.9	8.2	8.3	8.5
	男性	百万人	7.8	7.3	6.2	5.4	5.1	4.6	4.3	4.2	4.4	4.5	4.5	4.6
	女性	百万人	6.4	5.8	5.0	4.4	4.1	3.8	3.4	3.4	3.6	3.7	3.8	3.9
劳动力利用率	总计	%	9.3	8.6	7.4	6.5	6.1	5.5	5.0	5.0	5.2	5.4	5.5	5.6
	男性	%	9.4	8.8	7.5	6.6	6.2	5.5	5.1	5.0	5.2	5.3	5.3	5.4
	女性	%	9.1	8.3	7.3	6.4	6.0	5.4	5.0	5.1	5.3	5.5	5.6	5.8
潜在劳动力	总计	百万人	2.5	2.4	2.3	2.1	1.9	1.7	1.7	1.8	1.9	2.0	2.1	2.2
	男性	百万人	1.3	1.2	1.2	1.1	1.0	0.9	0.8	0.8	0.9	0.9	0.9	1.0
	女性	百万人	1.2	1.2	1.1	1.0	0.9	0.8	0.9	0.9	1.0	1.1	1.1	1.2
工薪就业	总计	%	0.5	0.6	1.0	1.2	0.0	0.7	2.0	1.9	1.3	1.5	1.4	1.5
雇主	总计	%	92.3	92.4	92.6	92.6	92.7	92.8	92.8	92.9	92.9	92.9	92.9	92.9
自营劳动者	总计	%	2.9	2.9	2.8	2.8	2.8	2.7	2.7	2.7	2.7	2.6	2.6	2.6
无报酬家庭帮工	总计	%	4.7	4.6	4.5	4.5	4.5	4.4	4.4	4.4	4.4	4.4	4.4	4.4
生产力增长率	总计	%	0.1	0.1	0.1	0.1	0.1	0.1	0.1	0.1	0.1	0.1	0.1	0.1

拉丁美洲和加勒比地区

指标	性别	单位	2000年	2001年	2002年	2003年	2004年	2005年	2006年	2007年	2008年	2009年	2010年	2011年
劳动参与率	总计	%	63.1	63.2	63.5	63.5	64.2	64.4	64.5	64.4	64.4	64.7	64.3	64.0
	男性	%	79.6	79.3	79.2	78.9	79.2	79.0	79.1	78.8	78.7	78.7	78.3	77.9
	女性	%	47.3	47.8	48.5	48.8	49.8	50.3	50.6	50.6	50.8	51.4	50.9	50.6
劳动力	总计	百万人	224.4	229.4	235.1	239.9	247.1	252.5	258.2	262.7	267.8	273.9	277.2	280.7
	男性	百万人	138.4	140.7	143.4	145.7	149.0	151.7	154.6	157.1	160.0	162.8	165.0	167.2
	女性	百万人	86.0	88.7	91.7	94.1	98.0	100.9	103.6	105.5	107.8	111.1	112.2	113.5
就业人口占总人口的比例	总计	%	57.3	57.7	57.7	57.8	58.8	59.2	59.8	60.0	60.3	59.8	59.8	59.8
	男性	%	73.4	73.4	73.0	73.1	73.8	73.9	74.4	74.4	74.6	73.7	73.7	73.7
	女性	%	41.9	42.7	43.1	43.3	44.4	45.2	45.9	46.2	46.5	46.5	46.5	46.5
就业人口	总计	百万人	203.8	209.4	213.7	218.4	226.3	232.5	239.4	244.6	250.4	253.1	257.7	262.4
	男性	百万人	127.7	130.3	132.2	134.9	138.9	141.8	145.6	148.4	151.6	152.5	155.3	158.1
	女性	百万人	76.1	79.1	81.5	83.5	87.4	90.7	93.9	96.2	98.8	100.6	102.4	104.3
失业率	总计	%	9.2	8.7	9.1	8.9	8.4	7.9	7.3	6.9	6.5	7.6	7.0	6.5
	男性	%	7.7	7.4	7.8	7.4	6.8	6.5	5.9	5.5	5.3	6.3	5.9	5.4
	女性	%	11.5	10.8	11.1	11.3	10.9	10.1	9.3	8.9	8.3	9.4	8.7	8.1
失业人口	总计	百万人	20.6	20.0	21.4	21.4	20.8	20.1	18.8	18.1	17.4	20.8	19.5	18.3
	男性	百万人	10.7	10.5	11.2	10.8	10.1	9.8	9.1	8.7	8.4	10.3	9.7	9.0
	女性	百万人	9.9	9.6	10.2	10.6	10.6	10.2	9.7	9.4	9.0	10.5	9.8	9.2
劳动力利用率	总计	%						12.5	11.8	11.4	11.0	12.2	11.6	11.1
	男性	%						9.2	8.6	8.2	7.9	9.1	8.6	8.2
	女性	%						17.3	16.4	15.9	15.4	16.5	15.8	15.1
潜在劳动力	总计	百万人						13.3	13.3	13.5	13.6	14.3	14.3	14.4
	男性	百万人						4.5	4.5	4.6	4.6	4.9	5.0	5.0
	女性	百万人						8.7	8.8	8.9	9.0	9.4	9.4	9.4
极度工作贫困率	总计	%	8.9	8.6	8.3	7.6	6.8	6.6	5.2	4.6	4.2	3.9	3.5	3.2
中等工作贫困率	总计	%	10.9	11.0	11.1	10.5	9.6	9.2	7.9	7.3	6.9	6.7	6.4	5.9
极度工作贫困	总计	百万人	18.0	18.1	17.8	16.7	15.3	15.2	12.4	11.2	10.5	9.9	9.0	8.4
中等工作贫困	总计	百万人	22.3	23.0	23.8	23.0	21.8	21.5	18.9	17.9	17.1	16.9	16.5	15.5
工薪就业	总计	%	60.0	59.8	59.7	59.6	60.1	60.6	61.3	62.1	62.7	62.4	62.7	63.0
雇主	总计	%	4.3	4.4	4.4	4.3	4.4	4.6	4.6	4.4	4.6	4.5	4.3	4.1
自营劳动者	总计	%	28.4	28.7	29.0	29.1	28.7	28.3	27.8	27.6	27.3	27.7	27.7	27.9
无报酬家庭帮工	总计	%	7.2	7.1	6.9	6.9	6.7	6.6	6.2	5.9	5.4	5.4	5.2	5.0
生产力增长率	总计	%	1.5	-2.0	-1.8	-0.3	2.5	1.4	2.2	3.2	1.5	-3.1	4.0	2.6

拉丁美洲和加勒比地区（续表）

指标	性别	单位	2012年	2013年	2014年	2015年	2016年	2017年	2018年	2019年	2020年	2021年	2022年	2023年
劳动参与率	总计	%	64.5	64.3	64.0	64.1	64.0	64.1	64.1	64.0	64.0	63.9	63.8	63.8
	男性	%	78.2	77.9	77.7	77.5	77.2	77.1	77.0	76.9	76.8	76.7	76.6	76.5
	女性	%	51.4	51.3	51.0	51.2	51.4	51.7	51.7	51.7	51.6	51.6	51.6	51.6
劳动力	总计	百万人	288.0	291.9	295.5	300.6	304.9	309.9	314.2	318.4	322.5	326.4	330.1	333.7
	男性	百万人	170.7	172.9	175.3	177.9	179.8	182.3	184.7	187.1	189.4	191.6	193.7	195.8
	女性	百万人	117.3	119.0	120.3	122.8	125.1	127.6	129.5	131.3	133.0	134.7	136.4	138.0
就业人口占总人口的比例	总计	%	60.4	60.2	60.1	59.8	59.0	58.9	58.9	58.9	59.0	59.0	58.9	58.9
	男性	%	73.9	73.7	73.5	73.1	72.0	71.7	71.7	71.7	71.7	71.7	71.6	71.5
	女性	%	47.4	47.3	47.2	47.1	46.7	46.7	46.7	46.7	46.7	46.8	46.8	46.8
就业人口	总计	百万人	269.5	273.4	277.4	280.7	281.2	285.0	289.0	292.9	297.2	301.2	304.8	308.3
	男性	百万人	161.4	163.5	166.0	167.7	167.6	169.5	171.9	174.3	176.8	179.1	181.0	183.0
	女性	百万人	108.1	109.9	111.5	113.0	113.6	115.4	117.1	118.6	120.4	122.1	123.8	125.2
失业率	总计	%	6.4	6.3	6.1	6.6	7.8	8.1	8.0	8.0	7.8	7.7	7.7	7.6
	男性	%	5.4	5.4	5.3	5.7	6.8	7.0	7.0	6.9	6.7	6.6	6.6	6.5
	女性	%	7.8	7.7	7.3	8.0	9.2	9.6	9.6	9.7	9.5	9.4	9.3	9.2
失业人口	总计	百万人	18.4	18.5	18.1	19.9	23.7	25.0	25.3	25.5	25.3	25.2	25.3	25.5
	男性	百万人	9.3	9.3	9.3	10.2	12.2	12.7	12.9	12.8	12.6	12.6	12.7	12.8
	女性	百万人	9.2	9.1	8.8	9.8	11.5	12.2	12.4	12.7	12.6	12.6	12.6	12.7
劳动力利用率	总计	%	10.9	10.6	10.2	10.8	12.2	12.7	12.7	12.6	12.4	12.3	12.3	12.2
	男性	%	8.2	8.0	7.9	8.3	9.6	10.0	10.0	9.9	9.6	9.6	9.6	9.5
	女性	%	14.7	14.1	13.5	14.2	15.7	16.3	16.3	16.4	16.2	16.1	15.9	15.9
潜在劳动力	总计	百万人	14.6	13.9	13.6	14.0	15.3	16.5	16.7	16.8	16.9	17.1	17.3	17.5
	男性	百万人	5.1	5.0	4.9	5.1	5.6	6.2	6.2	6.3	6.3	6.3	6.4	6.5
	女性	百万人	9.5	9.0	8.7	8.9	9.7	10.3	10.4	10.6	10.7	10.8	10.9	11.0
极度工作贫困率	总计	%	2.8	2.6	2.4	2.3	2.3	2.3	2.2	2.2	2.1	2.0	1.9	1.8
中等工作贫困率	总计	%	5.5	5.1	4.9	4.9	4.8	4.7	4.5	4.4	4.2	4.1	3.9	3.8
极度工作贫困	总计	百万人	7.6	7.2	6.7	6.5	6.4	6.5	6.5	6.3	6.1	5.9	5.8	5.6
中等工作贫困	总计	百万人	14.9	13.8	13.5	13.7	13.4	13.3	13.1	12.8	12.6	12.3	12.0	11.7
工薪就业	总计	%	63.7	63.8	64.1	63.7	63.4	63.0	63.1	63.2	63.3	63.3	63.4	63.5
雇主	总计	%	4.3	4.2	4.1	4.1	4.2	4.3	4.3	4.3	4.3	4.4	4.4	4.4
自营劳动者	总计	%	27.0	27.2	27.1	27.6	28.0	28.3	28.3	28.2	28.2	28.1	28.1	28.1
无报酬家庭帮工	总计	%	5.0	4.8	4.7	4.6	4.4	4.4	4.3	4.3	4.2	4.2	4.1	4.1
生产力增长率	总计	%	0.2	1.4	-0.2	-1.0	-0.7	-0.1	0.7	1.5	1.6	1.5	1.5	1.5

阿拉伯国家

指标	性别	单位	2000年	2001年	2002年	2003年	2004年	2005年	2006年	2007年	2008年	2009年	2010年	2011年
劳动参与率	总计	%	48.8	48.4	48.3	48.3	48.3	48.3	48.4	48.7	49.0	49.2	49.7	50.0
	男性	%	76.3	75.9	75.5	75.3	75.1	75.0	74.8	74.8	75.1	75.3	75.8	76.1
	女性	%	17.3	17.0	16.9	17.0	16.8	16.7	16.8	16.9	16.9	16.7	17.0	17.2
劳动力	总计	百万人	28.5	29.3	30.3	31.4	32.7	34.1	35.8	37.8	39.9	41.8	44.0	45.9
	男性	百万人	23.7	24.5	25.3	26.3	27.4	28.7	30.2	31.8	33.7	35.5	37.3	38.8
	女性	百万人	4.7	4.8	4.9	5.1	5.2	5.4	5.7	5.9	6.2	6.3	6.7	7.0
就业人口占总人口的比例	总计	%	44.9	44.3	44.0	44.2	44.1	44.4	44.6	45.0	45.3	45.6	46.0	46.4
	男性	%	70.8	70.0	69.3	69.4	69.3	69.5	69.6	70.0	70.3	70.7	71.2	71.6
	女性	%	15.5	15.0	14.8	14.9	14.7	14.5	14.6	14.7	14.7	14.4	14.6	14.7
就业人口	总计	百万人	26.2	26.8	27.6	28.8	29.9	31.3	33.0	34.9	36.9	38.7	40.8	42.6
	男性	百万人	22.0	22.6	23.3	24.3	25.3	26.6	28.1	29.8	31.5	33.3	35.0	36.6
	女性	百万人	4.2	4.2	4.3	4.5	4.6	4.7	4.9	5.1	5.4	5.5	5.7	6.0
失业率	总计	%	7.8	8.5	8.9	8.5	8.5	8.2	7.9	7.5	7.5	7.3	7.3	7.2
	男性	%	7.2	7.8	8.1	7.8	7.7	7.3	6.9	6.4	6.5	6.2	6.1	5.9
	女性	%	10.8	12.1	12.6	12.2	12.9	13.3	13.1	13.2	13.2	13.8	14.1	14.6
失业人口	总计	百万人	2.2	2.5	2.7	2.7	2.8	2.8	2.8	2.8	3.0	3.1	3.2	3.3
	男性	百万人	1.7	1.9	2.1	2.1	2.1	2.1	2.1	2.0	2.2	2.2	2.3	2.3
	女性	百万人	0.5	0.6	0.6	0.6	0.7	0.7	0.7	0.8	0.8	0.9	0.9	1.0
劳动力利用率	总计	%						15.4	15.0	14.5	14.5	14.3	14.2	14.0
	男性	%						11.7	11.2	10.6	10.6	10.2	9.9	9.6
	女性	%						31.9	31.6	31.6	31.8	32.9	33.3	33.9
潜在劳动力	总计	百万人						2.9	3.0	3.1	3.3	3.4	3.5	3.7
	男性	百万人						1.4	1.5	1.5	1.6	1.6	1.6	1.6
	女性	百万人						1.5	1.5	1.6	1.7	1.8	1.9	2.0
极度工作贫困率	总计	%	1.0	0.8	0.8	1.0	0.8	1.0	0.9	0.8	0.8	0.8	0.8	2.0
中等工作贫困率	总计	%	8.0	7.6	7.6	9.1	7.2	7.4	7.1	7.0	6.8	6.9	6.9	7.7
极度工作贫困	总计	百万人	0.3	0.2	0.2	0.3	0.2	0.3	0.3	0.3	0.3	0.3	0.3	0.8
中等工作贫困	总计	百万人	2.1	2.0	2.1	2.6	2.2	2.3	2.3	2.4	2.5	2.7	2.8	3.3
工薪就业	总计	%	73.2	73.3	73.6	73.4	74.4	75.2	75.9	76.2	78.2	78.7	79.7	80.2
雇主	总计	%	4.3	4.3	4.3	4.4	4.3	4.3	4.4	4.3	4.1	3.7	3.6	3.6
自营劳动者	总计	%	16.6	16.7	16.8	17.1	16.6	16.1	15.6	15.5	14.3	14.6	13.9	13.5
无报酬家庭帮工	总计	%	5.8	5.7	5.4	5.2	4.7	4.4	4.1	4.0	3.5	3.0	2.8	2.7
生产力增长率	总计	%	1.9	-1.4	-3.7	-0.8	8.0	0.9	1.0	-2.1	0.6	-5.1	-0.2	2.7

阿拉伯国家（续表）

指标	性别	单位	2012年	2013年	2014年	2015年	2016年	2017年	2018年	2019年	2020年	2021年	2022年	2023年
劳动参与率	总计	%	50.3	50.4	50.6	51.0	51.0	51.2	51.2	51.2	51.2	50.9	50.6	50.4
	男性	%	76.4	76.7	76.9	77.2	77.0	77.2	77.2	77.2	77.3	77.0	76.7	76.5
	女性	%	17.4	17.3	17.5	18.0	18.2	18.4	18.3	18.3	18.2	18.1	18.0	17.9
劳动力	总计	百万人	47.6	49.2	50.8	52.5	53.9	55.5	56.9	58.3	59.7	60.8	62.0	63.3
	男性	百万人	40.3	41.7	43.0	44.3	45.4	46.7	47.9	49.1	50.3	51.3	52.3	53.3
	女性	百万人	7.3	7.5	7.8	8.2	8.5	8.8	9.0	9.2	9.4	9.6	9.8	10.0
就业人口占总人口的比例	总计	%	46.7	46.8	47.0	47.4	47.4	47.5	47.5	47.5	47.5	47.2	46.9	46.7
	男性	%	72.1	72.3	72.6	72.9	72.7	72.8	72.8	72.8	72.9	72.7	72.3	72.1
	女性	%	14.7	14.7	14.8	15.2	15.4	15.5	15.5	15.4	15.3	15.2	15.1	14.9
就业人口	总计	百万人	44.2	45.7	47.2	48.8	50.1	51.5	52.7	54.0	55.3	56.4	57.5	58.6
	男性	百万人	38.1	39.3	40.6	41.9	42.9	44.1	45.1	46.3	47.4	48.4	49.3	50.2
	女性	百万人	6.2	6.3	6.6	6.9	7.2	7.4	7.6	7.7	7.9	8.0	8.2	8.4
失业率	总计	%	7.1	7.1	7.1	7.1	7.2	7.2	7.3	7.3	7.3	7.3	7.4	7.4
	男性	%	5.6	5.6	5.6	5.6	5.6	5.7	5.8	5.7	5.6	5.6	5.7	5.7
	女性	%	15.3	15.3	15.5	15.5	15.6	15.5	15.6	15.8	16.0	16.1	16.2	16.3
失业人口	总计	百万人	3.4	3.5	3.6	3.7	3.9	4.0	4.2	4.3	4.3	4.4	4.6	4.7
	男性	百万人	2.3	2.3	2.4	2.5	2.5	2.6	2.8	2.8	2.8	2.9	3.0	3.0
	女性	百万人	1.1	1.1	1.2	1.3	1.3	1.4	1.4	1.5	1.5	1.5	1.6	1.6
劳动力利用率	总计	%	13.9	13.9	13.8	13.8	13.9	13.9	14.1	14.1	14.1	14.1	14.3	14.4
	男性	%	9.2	9.2	9.1	9.0	9.1	9.3	9.4	9.4	9.4	9.5	9.6	9.6
	女性	%	34.8	34.9	34.7	34.6	34.4	34.0	34.0	34.2	34.3	34.4	34.6	34.8
潜在劳动力	总计	百万人	3.8	3.9	4.0	4.1	4.2	4.3	4.5	4.6	4.7	4.9	5.0	5.2
	男性	百万人	1.6	1.6	1.7	1.7	1.8	1.9	2.0	2.0	2.1	2.2	2.2	2.3
	女性	百万人	2.2	2.3	2.3	2.4	2.4	2.5	2.5	2.6	2.6	2.7	2.8	2.8
极度工作贫困率	总计	%	2.6	3.6	3.9	5.4	6.8	7.6	7.9	8.2	8.3	8.6	8.9	9.2
中等工作贫困率	总计	%	7.8	7.8	7.6	8.1	8.2	8.2	7.9	7.8	7.5	7.4	7.3	7.2
极度工作贫困	总计	百万人	1.1	1.7	1.8	2.7	3.4	3.9	4.2	4.4	4.6	4.9	5.1	5.4
中等工作贫困	总计	百万人	3.5	3.6	3.6	3.9	4.1	4.2	4.2	4.2	4.2	4.2	4.2	4.2
工薪就业	总计	%	80.8	81.2	81.5	81.4	81.4	81.2	81.2	81.2	81.1	81.0	80.9	80.7
雇主	总计	%	3.5	3.4	3.5	3.4	3.4	3.5	3.5	3.5	3.5	3.5	3.5	3.5
自营劳动者	总计	%	13.0	12.7	12.5	12.5	12.5	12.7	12.7	12.7	12.7	12.9	13.0	13.1
无报酬家庭帮工	总计	%	2.7	2.6	2.6	2.7	2.7	2.7	2.6	2.6	2.7	2.7	2.7	2.7
生产力增长率	总计	%	1.7	0.1	-0.4	-0.6	0.3	-3.3	0.2	0.7	1.1	1.6	1.4	1.4

东亚

指标	性别	单位	2000年	2001年	2002年	2003年	2004年	2005年	2006年	2007年	2008年	2009年	2010年	2011年
劳动参与率	总计	%	75.0	74.4	73.7	72.9	72.3	71.7	71.2	70.8	70.4	70.0	69.6	69.4
	男性	%	82.1	81.5	80.8	80.1	79.4	78.9	78.5	78.2	77.8	77.5	77.1	77.0
	女性	%	67.7	67.1	66.4	65.6	64.9	64.3	63.8	63.3	62.8	62.4	61.9	61.7
劳动力	总计	百万人	866.3	871.8	878.3	885.4	892.4	898.6	903.4	908.6	912.6	915.2	916.8	920.8
	男性	百万人	480.5	483.9	488.1	492.6	497.0	501.1	504.4	508.1	511.1	513.3	515.0	517.4
	女性	百万人	385.8	387.8	390.2	392.8	395.4	397.5	399.0	400.5	401.5	402.0	401.8	403.4
就业人口占总人口的比例	总计	%	72.4	71.5	70.5	69.6	69.0	68.5	68.1	67.8	67.3	66.7	66.5	66.3
	男性	%	79.0	77.9	77.0	76.0	75.5	75.0	74.7	74.5	74.0	73.5	73.3	73.2
	女性	%	65.7	64.8	63.9	62.9	62.4	61.8	61.3	61.0	60.4	59.8	59.4	59.3
就业人口	总计	百万人	836.3	837.6	840.6	844.3	852.3	858.5	864.2	870.2	871.7	872.2	875.4	879.8
	男性	百万人	462.2	463.0	465.0	467.4	472.4	476.5	480.3	484.5	485.9	486.7	489.4	492.1
	女性	百万人	374.1	374.6	375.6	376.9	379.9	382.0	383.9	385.7	385.8	385.5	386.0	387.7
失业率	总计	%	3.5	3.9	4.3	4.6	4.5	4.5	4.3	4.2	4.5	4.7	4.5	4.5
	男性	%	3.8	4.3	4.7	5.1	4.9	4.9	4.8	4.6	4.9	5.2	5.0	4.9
	女性	%	3.0	3.4	3.8	4.1	3.9	3.9	3.8	3.7	3.9	4.1	3.9	3.9
失业人口	总计	百万人	30.0	34.2	37.7	41.1	40.1	40.1	39.2	38.4	40.9	43.0	41.4	41.0
	男性	百万人	18.3	20.9	23.1	25.2	24.6	24.6	24.1	23.6	25.2	26.5	25.6	25.3
	女性	百万人	11.6	13.3	14.6	15.9	15.6	15.5	15.1	14.8	15.7	16.5	15.8	15.7
劳动力利用率	总计	%						6.8	6.7	6.6	6.9	7.2	7.0	7.0
	男性	%						6.5	6.4	6.3	6.6	6.9	6.7	6.7
	女性	%						7.1	7.1	7.0	7.3	7.5	7.4	7.4
潜在劳动力	总计	百万人						22.4	22.9	23.3	24.0	24.5	24.8	24.9
	男性	百万人						8.6	8.8	9.0	9.3	9.5	9.6	9.7
	女性	百万人						13.9	14.1	14.4	14.7	15.0	15.1	15.2
极度工作贫困率	总计	%	36.0	33.5	30.3	27.1	22.9	18.9	16.9	15.5	15.3	13.7	12.4	9.1
中等工作贫困率	总计	%	26.7	26.1	25.2	24.4	23.4	22.0	20.3	18.6	17.1	15.9	14.7	13.4
极度工作贫困	总计	百万人	277.7	258.8	235.7	211.3	180.2	149.9	135.2	124.7	123.6	110.7	100.5	74.3
中等工作贫困	总计	百万人	205.8	201.9	195.5	190.8	184.1	175.1	162.7	149.5	138.3	128.5	119.2	109.6
工薪就业	总计	%	43.4	44.2	45.0	45.9	46.8	47.7	48.6	49.5	50.3	51.0	51.8	52.5
雇主	总计	%	2.6	2.6	2.7	2.7	2.7	2.8	2.8	2.8	2.8	2.8	2.8	2.8
自营劳动者	总计	%	32.9	32.7	32.6	32.3	32.1	31.8	31.4	31.2	31.0	30.8	30.5	30.3
无报酬家庭帮工	总计	%	21.1	20.4	19.7	19.1	18.4	17.8	17.1	16.5	15.9	15.4	14.8	14.3
生产力增长率	总计	%	4.9	3.9	4.8	5.3	5.7	6.3	7.2	8.4	5.3	3.9	8.4	6.0

注：工作贫困率不包括日本。

东亚(续表)

指标	性别	单位	2012年	2013年	2014年	2015年	2016年	2017年	2018年	2019年	2020年	2021年	2022年	2023年
劳动参与率	总计	%	69.3	69.1	69.0	68.8	68.5	68.3	67.9	67.4	66.9	66.4	65.9	65.4
	男性	%	76.8	76.6	76.5	76.2	76.0	75.7	75.4	75.0	74.5	74.1	73.6	73.2
	女性	%	61.6	61.5	61.3	61.1	60.9	60.6	60.1	59.6	59.1	58.5	58.0	57.5
劳动力	总计	百万人	924.3	927.4	929.9	931.3	931.9	932.5	930.5	927.8	924.6	921.4	917.7	913.6
	男性	百万人	519.4	521.0	522.5	523.4	523.9	524.4	524.1	523.5	522.5	521.4	520.0	518.3
	女性	百万人	405.0	406.4	407.4	407.9	407.9	408.0	406.3	404.3	402.1	400.0	397.7	395.3
就业人口占总人口的比例	总计	%	66.2	66.0	65.9	65.7	65.6	65.4	65.0	64.6	64.1	63.6	63.2	62.7
	男性	%	73.0	72.8	72.7	72.5	72.4	72.2	71.9	71.5	71.1	70.7	70.3	69.8
	女性	%	59.1	59.0	58.9	58.7	58.6	58.4	57.9	57.4	56.9	56.4	55.9	55.4
就业人口	总计	百万人	882.6	885.8	888.4	889.9	891.3	893.0	891.2	888.6	885.9	882.7	879.5	875.5
	男性	百万人	493.6	495.3	496.9	497.8	498.9	500.1	499.8	499.1	498.3	497.2	496.1	494.5
	女性	百万人	389.0	390.5	391.5	392.0	392.5	393.0	391.4	389.5	387.6	385.5	383.4	381.1
失业率	总计	%	4.5	4.5	4.5	4.4	4.3	4.2	4.2	4.2	4.2	4.2	4.2	4.2
	男性	%	5.0	4.9	4.9	4.9	4.8	4.6	4.6	4.6	4.6	4.6	4.6	4.6
	女性	%	3.9	3.9	3.9	3.9	3.8	3.7	3.7	3.7	3.6	3.6	3.6	3.6
失业人口	总计	百万人	41.7	41.6	41.5	41.4	40.5	39.5	39.3	39.2	38.7	38.7	38.2	38.1
	男性	百万人	25.8	25.7	25.6	25.6	25.1	24.4	24.3	24.3	24.1	24.2	23.9	23.8
	女性	百万人	15.9	15.9	15.9	15.8	15.5	15.1	15.0	14.9	14.6	14.5	14.3	14.2
劳动力利用率	总计	%	7.0	7.0	7.0	7.0	6.9	6.8	6.9	6.9	6.9	7.0	7.0	7.1
	男性	%	6.7	6.7	6.7	6.7	6.7	6.6	6.6	6.6	6.7	6.7	6.7	6.8
	女性	%	7.4	7.4	7.4	7.4	7.2	7.2	7.2	7.3	7.3	7.4	7.4	7.4
潜在劳动力	总计	百万人	25.1	25.3	25.5	25.8	25.7	26.0	26.5	26.9	27.3	27.7	28.1	28.5
	男性	百万人	9.9	9.9	10.1	10.2	10.6	10.7	11.0	11.2	11.4	11.7	11.9	12.1
	女性	百万人	15.3	15.4	15.4	15.6	15.1	15.3	15.5	15.7	15.9	16.1	16.2	16.4
极度工作贫困率	总计	%	7.5	2.4	1.9	1.2	1.1	1.0	0.9	0.9	0.8	0.8	0.7	0.7
中等工作贫困率	总计	%	12.0	10.1	8.3	6.9	6.3	5.9	5.5	5.2	4.9	4.6	4.4	4.2
极度工作贫困	总计	百万人	61.6	20.0	15.6	9.8	8.9	8.2	7.7	7.2	6.8	6.3	6.0	5.6
中等工作贫困	总计	百万人	98.5	82.9	68.8	56.6	52.3	48.5	45.5	42.7	40.3	37.9	35.7	33.7
工薪就业	总计	%	53.2	53.8	54.4	54.9	55.5	56.1	56.6	57.1	57.6	58.0	58.4	58.8
雇主	总计	%	2.9	2.9	2.9	2.9	2.9	2.9	2.9	3.0	3.0	3.0	3.0	3.0
自营劳动者	总计	%	30.2	30.0	29.9	29.8	29.6	29.4	29.3	29.1	29.0	28.8	28.7	28.5
无报酬家庭帮工	总计	%	13.8	13.3	12.9	12.4	12.0	11.6	11.2	10.8	10.5	10.2	9.9	9.6
生产力增长率	总计	%	5.4	5.5	5.1	4.9	4.9	5.3	5.4	5.1	4.8	4.8	4.6	4.6

东南亚和太平洋地区

指标	性别	单位	2000年	2001年	2002年	2003年	2004年	2005年	2006年	2007年	2008年	2009年	2010年	2011年
劳动参与率	总计	%	69.0	68.8	68.2	67.8	67.8	67.4	67.3	68.1	68.2	68.2	68.2	68.6
	男性	%	81.3	81.4	81.2	80.7	81.1	80.5	80.4	80.5	80.4	80.2	80.2	80.5
	女性	%	57.1	56.4	55.5	55.3	54.9	54.7	54.6	56.1	56.3	56.3	56.5	56.8
劳动力	总计	百万人	262.9	267.3	270.1	273.7	278.7	282.0	286.9	295.8	301.4	306.6	312.0	318.9
	男性	百万人	152.7	156.0	158.6	160.5	164.3	166.1	169.2	172.6	175.6	178.5	181.5	185.4
	女性	百万人	110.2	111.2	111.5	113.2	114.4	115.9	117.8	123.2	125.8	128.1	130.5	133.5
就业人口占总人口的比例	总计	%	66.3	65.9	65.4	65.1	65.0	64.4	64.5	65.2	65.4	65.6	65.9	66.4
	男性	%	78.1	78.3	78.0	77.7	77.9	77.2	77.2	77.2	77.1	77.2	77.6	78.0
	女性	%	54.7	53.9	53.1	52.8	52.4	52.0	52.1	53.4	53.9	54.2	54.5	55.0
就业人口	总计	百万人	252.3	256.2	259.1	262.6	266.9	269.5	274.7	282.9	288.9	295.1	301.6	308.9
	男性	百万人	146.6	150.1	152.4	154.5	157.9	159.2	162.3	165.5	168.5	171.9	175.6	179.6
	女性	百万人	105.7	106.2	106.7	108.1	109.0	110.2	112.4	117.4	120.4	123.3	126.0	129.3
失业率	总计	%	4.0	4.1	4.1	4.1	4.2	4.4	4.3	4.4	4.1	3.7	3.3	3.1
	男性	%	4.0	3.8	3.9	3.7	3.9	4.1	4.1	4.1	4.1	3.7	3.3	3.1
	女性	%	4.1	4.5	4.3	4.5	4.7	4.9	4.6	4.8	4.3	3.8	3.5	3.2
失业人口	总计	百万人	10.6	11.0	11.0	11.1	11.8	12.5	12.2	12.9	12.5	11.5	10.4	10.0
	男性	百万人	6.1	6.0	6.2	6.0	6.4	6.8	6.9	7.0	7.1	6.7	5.9	5.8
	女性	百万人	4.6	5.1	4.8	5.1	5.4	5.7	5.4	5.9	5.3	4.8	4.5	4.2
劳动力利用率	总计	%						8.1	7.9	7.9	7.8	7.5	7.1	6.7
	男性	%						6.0	6.0	5.9	6.0	5.8	5.2	5.0
	女性	%						11.0	10.6	10.7	10.3	9.8	9.5	9.0
潜在劳动力	总计	百万人						11.2	11.4	11.5	12.1	12.4	12.5	12.3
	男性	百万人						3.3	3.4	3.3	3.6	3.9	3.8	3.7
	女性	百万人						7.9	8.0	8.2	8.5	8.6	8.7	8.6
极度工作贫困率	总计	%	27.9	26.4	22.2	19.9	18.6	16.7	18.0	15.7	14.6	11.6	10.0	9.0
中等工作贫困率	总计	%	31.4	31.2	29.9	29.0	28.6	28.4	27.7	26.6	26.5	25.1	21.9	21.2
极度工作贫困	总计	百万人	67.3	64.6	54.9	50.0	47.4	42.9	47.2	42.3	40.3	32.6	28.7	26.4
中等工作贫困	总计	百万人	75.8	76.3	74.1	72.7	72.9	73.1	72.5	71.7	73.0	70.7	62.9	62.5
工薪就业	总计	%	36.4	38.0	38.0	38.1	39.9	41.1	41.8	42.3	42.8	43.4	44.2	45.4
雇主	总计	%	2.7	3.0	3.0	3.0	3.0	3.0	3.0	3.1	3.2	3.5	3.3	3.2
自营劳动者	总计	%	38.9	37.4	37.8	37.5	37.3	37.0	37.2	37.3	37.2	37.0	36.1	35.2
无报酬家庭帮工	总计	%	22.1	21.6	21.1	21.5	19.7	18.9	17.9	17.3	16.8	16.1	16.5	16.3
生产力增长率	总计	%	3.1	1.4	3.7	3.8	4.2	4.3	3.4	3.0	2.1	0.1	4.2	2.0

注：工作贫困率不包括澳大利亚和新西兰。

东南亚和太平洋地区（续表）

指标	性别	单位	2012年	2013年	2014年	2015年	2016年	2017年	2018年	2019年	2020年	2021年	2022年	2023年
劳动参与率	总计	%	68.6	68.3	68.2	67.9	67.4	67.3	67.2	67.1	67.0	66.9	66.8	66.7
	男性	%	80.6	80.3	80.1	79.8	79.2	78.9	78.8	78.7	78.5	78.4	78.2	78.1
	女性	%	56.9	56.5	56.5	56.3	56.0	55.8	55.8	55.8	55.7	55.7	55.6	55.5
劳动力	总计	百万人	324.5	327.7	332.3	336.1	338.6	342.5	347.1	351.4	355.7	359.8	363.8	367.6
	男性	百万人	188.6	190.7	193.2	195.4	196.6	198.9	201.4	203.8	206.1	208.4	210.6	212.7
	女性	百万人	135.9	137.0	139.1	140.7	142.0	143.7	145.7	147.6	149.5	151.4	153.2	154.9
就业人口占总人口的比例	总计	%	66.7	66.3	66.2	65.9	65.4	65.3	65.2	65.1	65.0	64.9	64.7	64.6
	男性	%	78.3	77.9	77.8	77.3	76.7	76.6	76.4	76.3	76.2	76.0	75.8	75.6
	女性	%	55.3	54.9	55.0	54.6	54.4	54.3	54.2	54.2	54.1	54.0	53.9	53.8
就业人口	总计	百万人	315.1	318.3	322.9	326.0	328.6	332.6	336.8	341.0	345.0	348.9	352.6	356.2
	男性	百万人	183.1	185.0	187.6	189.4	190.5	192.9	195.3	197.6	199.9	202.0	204.1	206.0
	女性	百万人	132.0	133.2	135.4	136.6	138.1	139.7	141.5	143.4	145.1	146.9	148.6	150.2
失业率	总计	%	2.9	2.9	2.8	3.0	2.9	2.9	2.9	3.0	3.0	3.0	3.1	3.1
	男性	%	2.9	3.0	2.9	3.1	3.1	3.0	3.0	3.0	3.0	3.1	3.1	3.1
	女性	%	2.9	2.8	2.7	2.9	2.7	2.8	2.8	2.9	2.9	3.0	3.0	3.1
失业人口	总计	百万人	9.4	9.5	9.3	10.1	10.0	10.0	10.2	10.4	10.7	10.9	11.1	11.4
	男性	百万人	5.5	5.7	5.6	6.0	6.1	6.0	6.1	6.2	6.3	6.4	6.5	6.6
	女性	百万人	3.9	3.8	3.7	4.1	3.9	4.0	4.1	4.3	4.4	4.5	4.6	4.7
劳动力利用率	总计	%	6.4	6.5	6.4	6.5	6.6	6.3	6.3	6.4	6.4	6.5	6.5	6.6
	男性	%	4.8	4.9	4.9	4.9	5.1	4.9	5.0	5.0	5.0	5.1	5.1	5.2
	女性	%	8.6	8.6	8.4	8.6	8.6	8.1	8.1	8.2	8.3	8.3	8.4	8.4
潜在劳动力	总计	百万人	12.3	12.6	12.7	12.6	13.3	12.3	12.5	12.8	13.0	13.2	13.5	13.7
	男性	百万人	3.7	3.9	4.0	3.8	4.2	4.1	4.1	4.2	4.3	4.4	4.5	4.6
	女性	百万人	8.5	8.7	8.8	8.8	9.1	8.3	8.4	8.5	8.7	8.8	9.0	9.1
极度工作贫困率	总计	%	7.8	6.9	6.2	5.5	5.0	4.4	4.0	3.7	3.4	3.1	2.8	2.6
中等工作贫困率	总计	%	20.8	20.2	19.3	17.4	16.3	14.7	13.9	13.1	12.4	11.7	11.0	10.3
极度工作贫困	总计	百万人	23.6	21.1	19.0	17.1	15.6	14.0	13.0	12.0	11.1	10.3	9.5	8.7
中等工作贫困	总计	百万人	62.7	61.5	59.7	54.1	51.0	46.6	44.7	42.8	40.8	38.9	37.0	35.2
工薪就业	总计	%	46.6	47.7	48.3	50.2	50.9	51.2	51.6	52.1	52.5	53.0	53.4	53.8
雇主	总计	%	3.3	3.2	3.2	3.3	3.3	3.1	3.1	3.2	3.2	3.2	3.2	3.2
自营劳动者	总计	%	34.3	34.1	33.4	32.8	32.5	32.3	32.3	32.3	32.3	32.3	32.3	32.3
无报酬家庭帮工	总计	%	15.8	15.0	15.1	13.6	13.4	13.4	12.9	12.4	12.0	11.5	11.1	10.6
生产力增长率	总计	%	3.6	3.6	2.8	3.5	3.6	3.5	3.4	3.3	3.3	3.4	3.3	3.3

南亚

指标	性别	单位	2000年	2001年	2002年	2003年	2004年	2005年	2006年	2007年	2008年	2009年	2010年	2011年
劳动参与率	总计	%	56.8	56.9	57.0	57.2	57.5	57.6	56.8	56.1	55.3	54.7	54.1	53.4
	男性	%	83.0	82.9	82.9	83.0	83.0	83.0	82.4	81.9	81.3	80.9	80.4	80.0
	女性	%	29.1	29.4	29.7	30.1	30.5	30.9	29.9	28.9	28.0	27.3	26.5	25.5
劳动力	总计	百万人	529.7	544.1	559.2	575.3	591.6	607.2	611.8	616.6	620.6	626.6	631.9	635.9
	男性	百万人	397.8	407.6	417.7	428.2	438.8	448.8	455.1	461.6	467.5	474.3	480.7	487.5
	女性	百万人	131.9	136.6	141.6	147.1	152.7	158.4	156.7	155.0	153.1	152.3	151.1	148.5
就业人口占总人口的比例	总计	%	55.1	55.1	55.1	55.3	55.5	55.6	55.1	54.6	53.9	53.1	52.6	51.9
	男性	%	80.4	80.3	80.2	80.3	80.5	80.5	80.2	79.9	79.4	78.7	78.4	78.0
	女性	%	28.2	28.4	28.6	28.9	29.2	29.4	28.6	27.8	27.0	26.2	25.5	24.5
就业人口	总计	百万人	513.8	527.0	540.3	555.4	571.8	586.5	593.4	599.9	604.3	608.2	614.1	617.8
	男性	百万人	385.7	394.7	403.9	414.2	425.6	435.5	443.2	450.7	456.7	461.7	468.6	475.1
	女性	百万人	128.1	132.2	136.4	141.2	146.3	151.0	150.2	149.2	147.7	146.5	145.5	142.7
失业率	总计	%	3.0	3.2	3.4	3.5	3.3	3.4	3.0	2.7	2.6	2.9	2.8	2.9
	男性	%	3.0	3.1	3.3	3.3	3.0	3.0	2.6	2.3	2.3	2.6	2.5	2.5
	女性	%	2.9	3.2	3.7	4.0	4.3	4.6	4.1	3.8	3.5	3.8	3.7	3.9
失业人口	总计	百万人	15.9	17.2	18.9	19.9	19.8	20.7	18.4	16.7	16.2	18.4	17.8	18.1
	男性	百万人	12.1	12.8	13.7	14.0	13.3	13.3	11.9	10.8	10.8	12.6	12.2	12.3
	女性	百万人	3.8	4.4	5.2	5.9	6.5	7.4	6.5	5.9	5.4	5.9	5.6	5.8
劳动力利用率	总计	%						6.6	6.3	6.0	6.0	6.4	6.4	6.5
	男性	%						4.5	4.2	3.9	4.0	4.4	4.3	4.4
	女性	%						12.3	12.0	11.9	11.9	12.4	12.6	13.0
潜在劳动力	总计	百万人						20.9	21.3	21.8	22.4	23.4	24.2	24.9
	男性	百万人						7.0	7.3	7.6	8.0	8.6	8.9	9.4
	女性	百万人						13.9	14.0	14.3	14.5	14.8	15.3	15.6
极度工作贫困率	总计	%	37.0	36.3	35.4	34.0	32.5	30.9	29.4	27.8	26.8	25.3	23.8	20.3
中等工作贫困率	总计	%	36.4	36.5	36.6	36.8	37.0	37.2	37.5	37.7	37.8	37.8	37.9	37.3
极度工作贫困	总计	百万人	190.2	191.1	191.5	189.0	185.8	181.4	174.2	167.0	162.2	153.9	146.4	125.2
中等工作贫困	总计	百万人	187.0	192.5	198.0	204.5	211.6	217.9	222.3	226.0	228.4	230.1	232.5	230.7
工薪就业	总计	%	20.3	20.4	20.8	20.9	20.9	21.1	21.3	21.6	21.6	21.9	22.2	23.3
雇主	总计	%	1.0	1.1	1.2	1.2	1.3	1.4	1.4	1.3	1.3	1.3	1.2	1.4
自营劳动者	总计	%	59.5	59.1	58.3	57.9	57.2	56.8	57.2	57.5	57.9	58.1	58.6	57.9
无报酬家庭帮工	总计	%	19.2	19.5	19.8	20.0	20.6	20.7	20.1	19.6	19.2	18.7	18.0	17.4
生产力增长率	总计	%	1.9	0.9	2.0	4.6	3.8	5.0	6.7	7.6	2.4	5.7	7.3	5.0

南亚（续表）

指标	性别	单位	2012年	2013年	2014年	2015年	2016年	2017年	2018年	2019年	2020年	2021年	2022年	2023年
劳动参与率	总计	%	52.8	52.8	52.8	52.9	52.9	53.1	53.0	52.9	52.8	52.7	52.7	52.6
	男性	%	79.6	79.5	79.3	79.2	79.0	78.9	78.9	78.8	78.7	78.7	78.6	78.5
	女性	%	24.6	24.8	25.0	25.4	25.7	26.0	25.9	25.8	25.7	25.6	25.5	25.4
劳动力	总计	百万人	640.7	654.0	666.2	680.4	693.3	707.4	718.4	729.5	740.7	751.1	761.8	772.6
	男性	百万人	494.9	503.8	511.9	521.0	529.2	538.0	546.8	555.6	564.6	573.0	581.6	590.3
	女性	百万人	145.9	150.2	154.3	159.4	164.1	169.4	171.7	173.9	176.1	178.1	180.2	182.3
就业人口占总人口的比例	总计	%	51.1	51.1	51.1	51.2	51.2	51.4	51.4	51.3	51.2	51.1	51.0	50.9
	男性	%	77.4	77.2	77.1	77.0	76.8	76.8	76.7	76.7	76.6	76.6	76.5	76.4
	女性	%	23.6	23.7	23.9	24.1	24.4	24.8	24.8	24.7	24.6	24.5	24.4	24.3
就业人口	总计	百万人	621.0	632.8	645.6	658.0	670.4	685.2	696.1	706.9	717.8	728.1	738.6	749.0
	男性	百万人	481.3	489.5	498.1	506.3	514.3	523.5	532.1	540.8	549.5	557.7	566.1	574.5
	女性	百万人	139.7	143.3	147.5	151.7	156.1	161.8	164.0	166.1	168.3	170.3	172.5	174.4
失业率	总计	%	3.1	3.3	3.1	3.3	3.3	3.1	3.1	3.1	3.1	3.1	3.1	3.1
	男性	%	2.7	2.9	2.7	2.8	2.8	2.7	2.7	2.7	2.7	2.7	2.7	2.7
	女性	%	4.2	4.6	4.4	4.9	4.8	4.5	4.5	4.5	4.4	4.4	4.3	4.3
失业人口	总计	百万人	19.8	21.3	20.6	22.4	22.9	22.2	22.3	22.6	22.9	23.0	23.3	23.7
	男性	百万人	13.6	14.4	13.8	14.7	14.9	14.5	14.6	14.8	15.0	15.2	15.5	15.8
	女性	百万人	6.2	6.9	6.8	7.7	7.9	7.7	7.7	7.8	7.8	7.8	7.8	7.9
劳动力利用率	总计	%	6.8	7.0	6.9	7.1	7.2	7.0	6.9	6.9	6.9	6.9	6.9	6.9
	男性	%	4.7	4.8	4.6	4.8	4.8	4.6	4.6	4.6	4.6	4.6	4.6	4.7
	女性	%	13.6	14.0	13.8	14.2	14.2	13.8	13.7	13.7	13.7	13.7	13.6	13.7
潜在劳动力	总计	百万人	25.9	26.7	27.2	28.1	28.8	29.2	29.6	30.1	30.6	31.0	31.5	32.1
	男性	百万人	10.0	10.3	10.5	10.7	10.9	11.0	11.2	11.4	11.6	11.8	12.1	12.3
	女性	百万人	15.9	16.4	16.8	17.4	17.9	18.2	18.5	18.7	19.0	19.2	19.5	19.7
极度工作贫困率	总计	%	17.1	16.2	15.3	14.3	13.5	12.6	11.8	11.0	10.2	9.4	8.7	8.1
中等工作贫困率	总计	%	36.3	35.5	34.7	33.8	33.0	32.1	31.3	30.3	29.3	28.2	27.1	26.0
极度工作贫困	总计	百万人	106.1	102.4	98.6	94.0	90.2	86.5	81.9	77.4	73.0	68.8	64.6	60.4
中等工作贫困	总计	百万人	225.5	224.9	224.3	222.7	220.9	220.3	217.6	214.1	210.0	205.6	200.5	194.8
工薪就业	总计	%	24.5	24.9	25.2	25.5	25.7	26.1	26.5	26.9	27.4	27.8	28.2	28.6
雇主	总计	%	1.5	1.5	1.5	1.6	1.7	1.9	1.9	1.9	1.9	2.0	2.0	2.0
自营劳动者	总计	%	57.1	57.1	57.5	57.6	57.6	57.7	57.7	57.7	57.7	57.7	57.7	57.7
无报酬家庭帮工	总计	%	17.0	16.4	15.8	15.2	15.0	14.3	13.9	13.4	13.0	12.6	12.2	11.7
生产力增长率	总计	%	2.9	3.2	4.5	4.4	5.6	3.9	5.0	4.8	4.7	4.7	4.5	4.4

北欧、南欧和西欧

指标	性别	单位	2000年	2001年	2002年	2003年	2004年	2005年	2006年	2007年	2008年	2009年	2010年	2011年
劳动参与率	总计	%	56.6	56.3	56.6	56.9	57.0	57.4	57.6	57.8	58.0	57.9	57.7	57.6
	男性	%	66.4	66.0	66.0	66.0	65.9	66.0	66.0	66.0	66.0	65.5	65.1	64.9
	女性	%	47.3	47.2	47.8	48.3	48.7	49.2	49.7	50.0	50.4	50.6	50.6	50.8
劳动力	总计	百万人	198.9	199.3	201.7	204.1	205.8	208.4	210.6	212.5	214.5	215.1	215.5	216.1
	男性	百万人	113.0	113.0	113.8	114.7	115.3	116.3	117.1	117.9	118.6	118.4	118.3	118.2
	女性	百万人	85.9	86.3	87.9	89.3	90.5	92.0	93.5	94.6	95.9	96.8	97.2	97.9
就业人口占总人口的比例	总计	%	51.6	51.9	52.0	52.1	52.0	52.4	52.9	53.5	53.7	52.5	52.0	51.9
	男性	%	61.3	61.4	61.1	60.8	60.5	60.7	61.0	61.5	61.4	59.4	58.7	58.4
	女性	%	42.5	43.0	43.5	43.9	44.0	44.6	45.2	45.9	46.5	46.0	45.7	45.7
就业人口	总计	百万人	181.4	183.6	185.2	186.7	187.8	190.4	193.4	196.8	198.8	195.2	194.3	194.5
	男性	百万人	104.3	105.1	105.4	105.7	105.9	107.1	108.3	109.9	110.4	107.3	106.6	106.4
	女性	百万人	77.1	78.5	79.9	81.1	81.9	83.3	85.1	86.9	88.4	87.9	87.7	88.1
失业率	总计	%	8.8	7.8	8.2	8.5	8.8	8.6	8.1	7.4	7.3	9.3	9.8	10.0
	男性	%	7.7	7.0	7.4	7.9	8.1	8.0	7.5	6.8	6.9	9.3	9.9	9.9
	女性	%	10.2	9.0	9.1	9.3	9.6	9.4	9.0	8.1	7.8	9.2	9.8	10.0
失业人口	总计	百万人	17.5	15.6	16.4	17.3	18.0	18.0	17.2	15.7	15.7	19.9	21.2	21.6
	男性	百万人	8.7	7.9	8.4	9.1	9.3	9.3	8.8	8.0	8.2	11.0	11.7	11.7
	女性	百万人	8.8	7.8	8.0	8.3	8.7	8.7	8.4	7.7	7.5	8.9	9.5	9.8
劳动力利用率	总计	%						12.8	12.3	11.5	11.3	13.3	13.9	14.1
	男性	%						11.0	10.4	9.7	9.8	12.4	13.0	13.2
	女性	%						15.1	14.5	13.6	13.2	14.4	15.0	15.2
潜在劳动力	总计	百万人						10.0	9.9	9.8	9.7	9.9	10.2	10.4
	男性	百万人						3.9	3.8	3.8	3.8	4.1	4.3	4.4
	女性	百万人						6.1	6.1	6.0	5.9	5.8	5.9	6.0
工薪就业	总计	%	83.3	83.4	83.5	83.4	83.3	83.5	83.6	83.8	84.0	84.1	83.9	84.1
雇主	总计	%	4.9	4.8	4.7	4.8	4.9	4.7	4.8	4.8	4.7	4.7	4.6	4.5
自营劳动者	总计	%	9.9	9.9	9.9	10.1	10.1	10.1	10.1	10.1	9.8	9.9	10.2	10.1
无报酬家庭帮工	总计	%	2.0	2.0	1.9	1.8	1.7	1.6	1.5	1.4	1.4	1.3	1.2	1.2
生产力增长率	总计	%	2.2	1.0	0.4	0.4	1.9	0.7	1.6	1.2	-0.7	-2.7	2.5	1.4

北欧、南欧和西欧（续表）

指标	性别	单位	2012年	2013年	2014年	2015年	2016年	2017年	2018年	2019年	2020年	2021年	2022年	2023年
劳动参与率	总计	%	57.8	57.8	57.7	57.7	57.8	57.8	57.7	57.5	57.4	57.1	56.9	56.7
	男性	%	64.9	64.6	64.4	64.2	64.2	64.1	63.9	63.6	63.3	63.0	62.7	62.3
	女性	%	51.2	51.4	51.5	51.5	51.8	51.9	51.8	51.7	51.6	51.5	51.4	51.3
劳动力	总计	百万人	217.4	217.8	218.2	218.6	219.6	220.3	220.4	220.4	220.3	219.9	219.6	219.2
	男性	百万人	118.6	118.4	118.3	118.4	118.8	119.0	119.0	118.9	118.7	118.5	118.2	117.8
	女性	百万人	98.9	99.5	99.9	100.1	100.9	101.3	101.4	101.5	101.5	101.5	101.4	101.3
就业人口占总人口的比例	总计	%	51.6	51.3	51.6	51.9	52.5	53.0	53.3	53.3	53.3	53.1	52.9	52.6
	男性	%	57.8	57.3	57.5	57.9	58.4	58.9	59.2	59.2	59.1	58.8	58.5	58.2
	女性	%	45.6	45.6	45.9	46.3	46.9	47.4	47.7	47.8	47.7	47.6	47.5	47.3
就业人口	总计	百万人	193.8	193.4	194.8	196.7	199.4	201.9	203.5	204.3	204.6	204.3	203.9	203.6
	男性	百万人	105.7	105.1	105.7	106.6	108.0	109.3	110.2	110.6	110.7	110.5	110.3	110.0
	女性	百万人	88.1	88.3	89.1	90.1	91.3	92.6	93.3	93.7	93.8	93.8	93.7	93.6
失业率	总计	%	10.9	11.2	10.7	10.0	9.2	8.3	7.6	7.3	7.1	7.1	7.1	7.1
	男性	%	10.9	11.3	10.7	9.9	9.1	8.1	7.4	7.0	6.8	6.7	6.7	6.7
	女性	%	10.8	11.2	10.8	10.1	9.4	8.6	8.0	7.7	7.6	7.6	7.6	7.6
失业人口	总计	百万人	23.6	24.5	23.4	21.9	20.3	18.4	16.8	16.1	15.7	15.6	15.6	15.6
	男性	百万人	12.9	13.3	12.6	11.8	10.8	9.7	8.7	8.3	8.0	7.9	7.9	7.9
	女性	百万人	10.7	11.2	10.8	10.1	9.5	8.7	8.1	7.8	7.7	7.7	7.7	7.7
劳动力利用率	总计	%	15.1	15.4	15.1	14.4	13.5	12.4	11.7	11.4	11.2	11.2	11.3	11.3
	男性	%	14.1	14.6	14.2	13.5	12.6	11.5	10.7	10.3	10.1	10.0	10.1	10.1
	女性	%	16.2	16.4	16.2	15.5	14.6	13.5	12.9	12.6	12.5	12.6	12.6	12.6
潜在劳动力	总计	百万人	10.8	10.8	11.2	11.2	10.9	10.3	10.2	10.1	10.1	10.2	10.2	10.3
	男性	百万人	4.5	4.6	4.8	4.8	4.8	4.5	4.4	4.4	4.4	4.4	4.4	4.5
	女性	百万人	6.3	6.2	6.4	6.4	6.1	5.8	5.8	5.8	5.8	5.8	5.8	5.8
工薪就业	总计	%	84.0	84.1	84.2	84.4	84.4	84.7	84.8	84.8	84.9	84.9	85.0	85.0
雇主	总计	%	4.5	4.5	4.4	4.4	4.3	4.3	4.3	4.3	4.3	4.2	4.2	4.2
自营劳动者	总计	%	10.3	10.3	10.3	10.2	10.2	10.1	10.0	10.0	10.0	10.0	10.0	9.9
无报酬家庭帮工	总计	%	1.2	1.1	1.1	1.0	1.0	0.9	0.9	0.9	0.9	0.8	0.8	0.8
生产力增长率	总计	%	－0.1	0.5	0.9	1.1	0.5	0.9	1.3	1.5	1.5	1.6	1.6	1.5

东欧

指标	性别	单位	2000年	2001年	2002年	2003年	2004年	2005年	2006年	2007年	2008年	2009年	2010年	2011年
劳动参与率	总计	%	59.2	58.4	58.1	57.7	57.7	57.9	58.0	58.3	58.6	58.7	58.8	58.9
	男性	%	66.7	65.7	65.2	64.7	64.8	65.1	65.2	65.7	66.4	66.4	66.7	66.9
	女性	%	52.7	52.0	51.9	51.6	51.6	51.6	51.7	51.9	51.9	52.0	52.0	52.1
劳动力	总计	百万人	147.2	145.6	145.2	144.6	145.2	145.7	146.0	146.8	147.4	147.5	147.6	147.5
	男性	百万人	77.1	76.1	75.7	75.4	75.6	76.0	76.1	76.6	77.3	77.2	77.4	77.4
	女性	百万人	70.1	69.4	69.5	69.3	69.5	69.7	69.9	70.2	70.1	70.2	70.1	70.1
就业人口占总人口的比例	总计	%	52.5	52.2	52.2	52.0	52.2	52.8	53.3	54.4	54.9	53.9	54.1	54.5
	男性	%	59.1	58.6	58.4	58.2	58.5	59.3	59.8	61.2	62.1	60.6	61.1	61.6
	女性	%	46.8	46.6	46.8	46.6	46.8	47.2	47.7	48.6	48.7	48.1	48.2	48.4
就业人口	总计	百万人	130.6	130.1	130.5	130.4	131.3	132.9	134.2	137.1	138.1	135.4	135.8	136.4
	男性	百万人	68.3	67.9	67.8	67.7	68.2	69.3	69.8	71.4	72.3	70.5	70.9	71.3
	女性	百万人	62.3	62.2	62.7	62.6	63.1	63.7	64.4	65.7	65.8	64.9	64.9	65.1
失业率	总计	%	11.3	10.6	10.1	9.9	9.6	8.7	8.0	6.7	6.3	8.2	8.0	7.5
	男性	%	11.3	10.8	10.4	10.1	9.8	8.8	8.2	6.9	6.4	8.7	8.5	7.9
	女性	%	11.2	10.4	9.8	9.6	9.3	8.6	7.8	6.4	6.2	7.6	7.4	7.1
失业人口	总计	百万人	16.6	15.5	14.7	14.3	13.9	12.7	11.7	9.8	9.3	12.1	11.8	11.1
	男性	百万人	8.7	8.3	7.8	7.6	7.4	6.7	6.3	5.3	5.0	6.8	6.6	6.1
	女性	百万人	7.9	7.2	6.8	6.7	6.4	6.0	5.5	4.5	4.3	5.3	5.2	5.0
劳动力利用率	总计	%						11.6	10.9	9.2	8.7	10.9	10.7	10.1
	男性	%						11.3	10.7	9.0	8.4	11.1	10.9	10.2
	女性	%						11.9	11.1	9.5	9.0	10.6	10.4	9.9
潜在劳动力	总计	百万人						4.7	4.6	4.2	3.8	4.5	4.4	4.2
	男性	百万人						2.1	2.1	1.8	1.6	2.1	2.1	2.0
	女性	百万人						2.6	2.6	2.4	2.2	2.4	2.3	2.2
极度工作贫困率	总计	%	1.3	0.8	0.5	0.3	0.3	0.3	0.1	0.0	0.0	0.0	0.0	0.0
中等工作贫困率	总计	%	7.1	4.3	3.1	2.0	1.5	1.2	0.7	0.4	0.2	0.2	0.1	0.1
极度工作贫困	总计	百万人	1.2	0.7	0.4	0.3	0.2	0.3	0.1	0.0	0.0	0.0	0.0	0.0
中等工作贫困	总计	百万人	6.5	3.9	2.9	1.9	1.4	1.1	0.6	0.4	0.2	0.2	0.1	0.1
工薪就业	总计	%	83.9	84.5	85.4	85.7	86.0	86.0	86.5	86.7	86.8	86.7	86.7	86.7
雇主	总计	%	1.6	1.8	1.8	1.7	1.9	1.9	1.8	1.9	1.9	1.9	1.9	1.8
自营劳动者	总计	%	12.0	11.1	10.8	10.6	10.3	10.4	10.1	9.9	9.8	9.9	9.8	9.9
无报酬家庭帮工	总计	%	2.6	2.5	2.0	2.0	1.8	1.7	1.6	1.5	1.5	1.6	1.7	1.5
生产力增长率	总计	%	5.9	4.9	3.9	6.4	6.4	4.3	6.5	5.5	4.1	–4.3	3.3	4.1

注：工作贫困率不包括欧盟国家。

东欧（续表）

指标	性别	单位	2012年	2013年	2014年	2015年	2016年	2017年	2018年	2019年	2020年	2021年	2022年	2023年
劳动参与率	总计	%	59.0	59.1	59.1	59.2	59.3	59.2	58.9	58.5	58.2	57.8	57.3	56.9
	男性	%	67.1	67.3	67.4	67.6	67.7	67.7	67.3	66.9	66.5	66.0	65.5	65.0
	女性	%	52.1	52.1	52.0	52.0	52.0	52.0	51.7	51.3	51.0	50.7	50.3	50.0
劳动力	总计	百万人	147.2	147.0	146.3	146.0	145.5	144.8	143.4	142.0	140.7	139.3	137.9	136.6
	男性	百万人	77.4	77.3	77.1	77.1	76.8	76.4	75.7	75.0	74.3	73.5	72.7	72.0
	女性	百万人	69.8	69.6	69.2	68.9	68.7	68.3	67.7	67.0	66.4	65.8	65.2	64.6
就业人口占总人口的比例	总计	%	54.9	55.0	55.1	55.3	55.6	55.8	55.8	55.6	55.4	54.9	54.3	53.8
	男性	%	62.1	62.4	62.5	62.9	63.2	63.5	63.6	63.4	63.1	62.5	61.9	61.3
	女性	%	48.7	48.7	48.7	48.8	49.0	49.2	49.1	48.9	48.7	48.3	47.9	47.5
就业人口	总计	百万人	137.0	136.7	136.4	136.4	136.4	136.5	136.0	135.0	133.9	132.3	130.7	129.1
	男性	百万人	71.7	71.7	71.6	71.7	71.7	71.8	71.6	71.1	70.5	69.6	68.7	67.8
	女性	百万人	65.3	65.0	64.9	64.6	64.7	64.7	64.4	63.9	63.4	62.7	62.0	61.3
失业率	总计	%	7.0	7.0	6.8	6.6	6.2	5.7	5.2	5.0	4.8	5.0	5.3	5.4
	男性	%	7.3	7.3	7.2	6.9	6.6	6.1	5.5	5.3	5.1	5.3	5.6	5.8
	女性	%	6.5	6.6	6.3	6.2	5.8	5.3	4.9	4.7	4.5	4.7	4.9	5.1
失业人口	总计	百万人	10.2	10.2	9.9	9.6	9.1	8.3	7.4	7.1	6.8	7.0	7.2	7.4
	男性	百万人	5.7	5.6	5.5	5.3	5.1	4.6	4.1	3.9	3.8	3.9	4.0	4.1
	女性	百万人	4.6	4.6	4.3	4.3	4.0	3.6	3.3	3.1	3.0	3.1	3.2	3.3
劳动力利用率	总计	%	9.4	9.4	9.1	8.8	8.3	7.7	7.1	6.9	6.8	7.1	7.3	7.6
	男性	%	9.5	9.5	9.2	8.9	8.4	7.8	7.0	6.8	6.6	6.9	7.3	7.5
	女性	%	9.2	9.4	8.9	8.8	8.1	7.5	7.2	7.0	6.9	7.2	7.4	7.7
潜在劳动力	总计	百万人	3.9	4.0	3.7	3.6	3.3	3.0	3.0	3.0	3.0	3.0	3.1	3.2
	男性	百万人	1.9	1.9	1.8	1.7	1.5	1.4	1.3	1.3	1.2	1.3	1.3	1.4
	女性	百万人	2.0	2.1	2.0	1.9	1.7	1.6	1.7	1.7	1.7	1.8	1.8	1.8
极度工作贫困率	总计	%	0.0	0.0	0.0	0.0	0.0	0.0	0.0	0.0	0.0	0.0	0.0	0.0
中等工作贫困率	总计	%	0.1	0.1	0.1	0.1	0.1	0.1	0.1	0.1	0.1	0.1	0.1	0.1
极度工作贫困	总计	百万人	0.0	0.0	0.0	0.0	0.0	0.0	0.0	0.0	0.0	0.0	0.0	0.0
中等工作贫困	总计	百万人	0.1	0.1	0.1	0.1	0.1	0.1	0.1	0.1	0.1	0.1	0.1	0.1
工薪就业	总计	%	87.0	86.8	87.4	87.5	87.6	88.1	88.1	88.2	88.2	88.2	88.3	88.3
雇主	总计	%	1.8	1.9	1.9	1.9	1.8	1.9	1.9	1.9	1.9	1.9	1.9	1.9
自营劳动者	总计	%	9.7	9.9	9.3	9.3	9.3	8.9	8.9	8.9	8.8	8.8	8.8	8.8
无报酬家庭帮工	总计	%	1.5	1.5	1.4	1.3	1.2	1.2	1.1	1.1	1.1	1.1	1.0	1.0
生产力增长率	总计	%	2.0	1.8	1.3	－0.9	1.0	2.7	3.1	2.9	2.6	3.0	3.1	2.8

中亚和西亚

指标	性别	单位	2000年	2001年	2002年	2003年	2004年	2005年	2006年	2007年	2008年	2009年	2010年	2011年
劳动参与率	总计	%	56.5	56.4	56.1	55.5	55.0	55.1	54.7	54.8	55.2	55.6	56.3	56.9
	男性	%	72.5	72.0	71.1	70.5	70.8	71.0	70.3	70.4	70.7	70.8	71.3	71.8
	女性	%	41.5	41.9	42.1	41.5	40.1	40.2	40.1	40.2	40.7	41.4	42.2	42.9
劳动力	总计	百万人	54.6	55.6	56.4	57.0	57.6	58.9	59.6	60.8	62.4	63.9	65.9	67.7
	男性	百万人	33.8	34.3	34.6	35.0	35.9	36.7	37.1	37.8	38.7	39.4	40.4	41.4
	女性	百万人	20.8	21.3	21.9	22.0	21.7	22.2	22.6	23.0	23.7	24.5	25.5	26.3
就业人口占总人口的比例	总计	%	51.0	50.9	50.2	49.9	49.6	50.0	50.3	50.6	50.7	50.4	51.5	52.5
	男性	%	65.9	65.0	63.6	63.3	63.9	64.4	64.6	64.9	64.9	64.0	65.2	66.4
	女性	%	37.2	37.6	37.7	37.3	36.2	36.4	36.8	37.1	37.4	37.7	38.6	39.5
就业人口	总计	百万人	49.3	50.1	50.5	51.2	51.9	53.4	54.8	56.1	57.3	57.9	60.2	62.5
	男性	百万人	30.7	30.9	30.9	31.4	32.4	33.3	34.1	34.8	35.5	35.6	36.9	38.3
	女性	百万人	18.6	19.2	19.6	19.8	19.6	20.1	20.7	21.2	21.8	22.3	23.3	24.2
失业率	总计	%	9.7	9.9	10.5	10.1	9.8	9.3	8.2	7.8	8.2	9.4	8.6	7.7
	男性	%	9.2	9.7	10.6	10.1	9.8	9.3	8.1	7.8	8.2	9.7	8.6	7.5
	女性	%	10.5	10.1	10.5	10.1	9.8	9.4	8.2	7.8	8.1	9.1	8.6	8.0
失业人口	总计	百万人	5.3	5.5	5.9	5.8	5.7	5.5	4.9	4.8	5.1	6.0	5.7	5.2
	男性	百万人	3.1	3.3	3.6	3.5	3.5	3.4	3.0	3.0	3.2	3.8	3.5	3.1
	女性	百万人	2.2	2.2	2.3	2.2	2.1	2.1	1.9	1.8	1.9	2.2	2.2	2.1
劳动力利用率	总计	%						14.2	13.1	12.5	12.9	14.5	13.5	12.3
	男性	%						13.0	11.8	11.4	11.7	13.5	12.2	10.8
	女性	%						16.2	15.0	14.3	14.7	16.1	15.6	14.5
潜在劳动力	总计	百万人						3.4	3.4	3.3	3.4	3.8	3.8	3.6
	男性	百万人						1.6	1.6	1.5	1.5	1.7	1.7	1.5
	女性	百万人						1.8	1.8	1.8	1.9	2.1	2.1	2.0
极度工作贫困率	总计	%	16.9	16.8	15.7	16.6	14.5	14.2	13.1	12.4	11.1	10.3	9.5	8.7
中等工作贫困率	总计	%	15.6	16.3	16.3	16.0	13.6	12.5	11.5	10.6	9.9	9.5	9.3	8.9
极度工作贫困	总计	百万人	7.8	8.0	7.5	8.0	7.1	7.1	6.7	6.5	6.0	5.6	5.4	5.1
中等工作贫困	总计	百万人	7.3	7.7	7.7	7.7	6.7	6.3	5.9	5.6	5.3	5.2	5.2	5.2
工薪就业	总计	%	51.5	51.0	52.4	52.9	53.5	55.3	57.4	58.6	59.4	59.2	59.8	60.3
雇主	总计	%	3.7	3.8	3.8	3.6	3.5	3.7	3.9	3.9	4.0	4.0	3.8	3.7
自营劳动者	总计	%	29.1	29.2	28.8	29.1	28.7	28.3	27.2	26.5	26.0	26.0	25.6	25.1
无报酬家庭帮工	总计	%	15.6	16.0	15.0	14.4	14.4	12.8	11.5	11.0	10.7	10.8	10.7	10.8
生产力增长率	总计	%	6.7	－3.2	5.2	4.2	7.3	6.1	5.8	4.6	0.6	－2.6	3.4	4.9

中亚和西亚（续表）

指标	性别	单位	2012年	2013年	2014年	2015年	2016年	2017年	2018年	2019年	2020年	2021年	2022年	2023年
劳动参与率	总计	%	57.0	57.4	57.7	58.1	58.5	58.8	58.8	58.6	58.5	58.3	58.0	57.7
	男性	%	71.6	72.0	72.5	72.8	73.1	73.4	73.4	73.3	73.1	72.8	72.6	72.2
	女性	%	43.2	43.6	43.8	44.3	44.6	45.1	44.9	44.8	44.6	44.4	44.2	44.0
劳动力	总计	百万人	68.9	70.5	72.0	73.7	75.2	76.9	77.9	78.9	79.7	80.5	81.1	81.6
	男性	百万人	42.0	42.9	43.9	44.8	45.7	46.6	47.3	47.9	48.5	48.9	49.3	49.6
	女性	百万人	26.9	27.6	28.1	28.9	29.5	30.3	30.6	30.9	31.2	31.5	31.7	31.9
就业人口占总人口的比例	总计	%	52.8	53.1	53.1	53.5	53.7	54.1	54.0	53.5	53.2	52.9	52.6	52.3
	男性	%	66.6	66.8	66.9	67.2	67.4	67.9	67.7	67.2	66.8	66.5	66.1	65.8
	女性	%	39.8	40.2	40.1	40.5	40.7	41.1	41.0	40.6	40.3	40.1	39.8	39.6
就业人口	总计	百万人	63.8	65.2	66.3	67.8	69.1	70.6	71.5	72.0	72.5	73.1	73.5	73.9
	男性	百万人	39.0	39.8	40.5	41.4	42.1	43.1	43.6	43.9	44.3	44.7	45.0	45.2
	女性	百万人	24.8	25.4	25.8	26.4	27.0	27.6	27.9	28.0	28.2	28.4	28.6	28.7
失业率	总计	%	7.4	7.5	7.9	8.0	8.2	8.1	8.2	8.7	9.0	9.2	9.3	9.3
	男性	%	7.1	7.2	7.7	7.7	7.8	7.6	7.8	8.3	8.5	8.8	8.9	8.9
	女性	%	7.8	8.0	8.3	8.5	8.7	8.8	8.8	9.4	9.6	9.8	10.0	10.0
失业人口	总计	百万人	5.1	5.3	5.7	5.9	6.2	6.2	6.4	6.9	7.1	7.4	7.6	7.6
	男性	百万人	3.0	3.1	3.4	3.4	3.6	3.5	3.7	4.0	4.1	4.3	4.4	4.4
	女性	百万人	2.1	2.2	2.3	2.5	2.6	2.7	2.7	2.9	3.0	3.1	3.2	3.2
劳动力利用率	总计	%	12.0	12.2	12.6	12.6	12.8	12.5	12.6	13.2	13.4	13.7	13.8	13.9
	男性	%	10.5	10.6	10.9	10.9	11.0	10.6	10.8	11.4	11.6	11.9	12.0	12.1
	女性	%	14.2	14.6	15.2	15.2	15.4	15.2	15.2	15.8	16.0	16.3	16.5	16.6
潜在劳动力	总计	百万人	3.6	3.7	3.9	3.9	4.0	3.9	3.9	4.0	4.1	4.2	4.2	4.3
	男性	百万人	1.6	1.6	1.6	1.6	1.7	1.6	1.6	1.7	1.7	1.7	1.8	1.8
	女性	百万人	2.0	2.1	2.3	2.3	2.3	2.3	2.3	2.4	2.4	2.4	2.5	2.5
极度工作贫困率	总计	%	8.2	7.9	7.4	7.2	6.9	6.8	6.6	6.4	6.1	5.8	5.5	5.1
中等工作贫困率	总计	%	8.4	8.2	7.8	7.6	7.2	6.9	6.8	6.6	6.4	6.2	5.9	5.7
极度工作贫困	总计	百万人	4.9	4.8	4.6	4.6	4.5	4.5	4.4	4.3	4.2	4.0	3.8	3.5
中等工作贫困	总计	百万人	5.1	5.0	4.8	4.9	4.7	4.6	4.5	4.5	4.4	4.2	4.1	3.9
工薪就业	总计	%	61.2	61.6	62.7	63.6	63.9	64.0	64.2	64.4	64.6	64.8	65.0	65.2
雇主	总计	%	3.6	3.5	3.4	3.5	3.7	3.6	3.7	3.7	3.7	3.7	3.7	3.7
自营劳动者	总计	%	24.8	24.7	24.0	23.5	23.3	23.4	23.3	23.3	23.3	23.2	23.2	23.2
无报酬家庭帮工	总计	%	10.4	10.2	9.8	9.4	9.1	9.0	8.8	8.6	8.5	8.3	8.1	8.0
生产力增长率	总计	%	2.5	5.0	3.1	2.6	1.1	3.6	2.8	2.9	2.8	2.8	3.1	3.1

参考文献

Acemoglu, D.; Robinson, J.A. 2012. *Why nations fail: The origins of power, prosperity, and poverty* (New York, NY, Crown Publishers).

Agwu, E.M.; Carter, A.-L. 2014. "Mobile phone banking in Nigeria: Benefits, problems and prospects", in *International Journal of Business and Commerce*, Vol. 3, No. 6, pp. 50–70.

Altbeker, A.; Bernstein, A. 2017. *No country for young people: The crisis of youth unemployment and what to do about it* (Johannesburg, Centre for Development and Enterprise).

Amuedo-Dorantes, C.; Serrano-Padial, R. 2005. "Fixed-term employment and its poverty implications: Evidence from Spain", in *Focus*, Vol. 23, No. 3, pp. 42–45.

Bachmann, R.; Bayer, C.; Merkl, C.; Seth, S.; Stüber, H.; Wellschmied, F. 2017. *Worker churn and employment growth at the establishment level*, IZA Discussion Paper Series No. 11063 (Bonn, IZA Institute of Labor Economics).

Banerjee, A.V.; Duflo, E. 2007. "The economic lives of the poor", in *Journal of Economic Perspectives*, Vol. 21, No. 1, pp. 141–167.

Barlevy, G. 2002. "The sullying effect of recessions", in *The Review of Economic Studies*, Vol. 69, No. 1, pp. 65–96.

Benería, L.; Berik, G.; Floro, M.S. 2015. *Gender, development, and globalization: Economics as if all people mattered* (New York, NY, Routledge).

Berik, G. 2018. *Toward more inclusive measures of economic well-being: Debates and practices*, Research Paper No. 2, ILO Future of Work Research Paper Series (Geneva, ILO).

Berliner, D.; Greenleaf, A.; Lake, M.; Noveck, J. 2015. "Building capacity, building rights? State capacity and labor rights in developing countries", in *World Development*, Vol. 72(C), pp. 127–139.

Bhatt, E.R. 2015. *Anubandh: Building hundred-mile communities* (Ahmedabad, Navajivan Trust).

Blau, F.D.; Kahn, L.M. 2017. "The gender wage gap: Extent, trends, and explanations", in *Journal of Economic Literature*, Vol. 55, No. 3, pp. 789–865.

Brown, L.R. 2011. *World on the edge: How to prevent environmental and economic collapse* (New York, NY, W.W. Norton & Company).

Burgess, S.; Lane, J.; Stevens, D. 2000. "Job flows, worker flows, and churning", in *Journal of Labor Economics*, Vol. 18, No. 3, pp. 473–502.

Cadot, O.; de Melo, J.; Plane, P.; Wagner, L.; Tesfaye Woldemichael, M. 2016. "Industrialisation et transformation structurelle: L'Afrique subsaharienne peut-elle se développer sans usines?", in *Revue d'économie du développement*, Vol. 24, No. 2, pp. 19–50.

Canon, M.; Kudlyak, M.; Liu, Y. 2015. "Youth labor force participation continues to fall, but it might be for a good reason", in *The Regional Economist* (Federal Reserve Bank of St Louis), Jan., pp. 12–13.

Cecchini, S.; Atuesta, B. 2017. *Conditional cash transfer programmes in Latin America and the Caribbean: Coverage and investment trends* (Santiago, United Nations, Economic Commission for Latin America and the Caribbean).

Cilliers, J. 2018. *Getting to Africa's demographic dividend*, ISS Africa Reports No. 13 (Institute for Security Studies).

Cingano, F. 2014. *Trends in income inequality and its impact on economic growth*, OECD Social, Employment and Migration Working Papers No. 163 (Paris, OECD Publishing).

de Hoop, J.; Rosati, F.C. 2013. *The complex effects of public policy on child labour*, Understanding Children's Work Programme Working Paper Series (Rome, Understanding Children's Work Programme).

Docquier, F. 2014. "The brain drain from developing countries", in *IZA World of Labor*, Vol. 31, pp. 1–10.

Dorling, D. 2017. *The equality effect: Improving life for everyone* (Oxford, New Internationalist Publications).

Doss, C.; Kovarik, C.; Peterman, A.; Quisumbing, A.; van den Bold, M. 2015. "Gender inequalities in ownership and control of land in Africa: Myth and reality", in *Agricultural Economics*, Vol. 46, No. 3, pp. 403–434.

Duryea, S.; Robles, M. 2016. *Social pulse in Latin America and the Caribbean 2016: Realities and perspectives* (Washington, DC, Inter-American Development Bank).

Elsby, M.W.L.; Hobijn, B.; Şahin, A. 2013. "Unemployment dynamics in the OECD", in *The Review of Economics and Statistics*, Vol. 95, No. 2, pp. 530–548.

Elsby, M.W.L.; Michaels, R.; Solon, G. 2009. "The ins and outs of cyclical unemployment", in *American Economic Journal: Macroeconomics*, Vol. 1, No. 1, pp. 84–110.

Escudero, V.; Kluve, J.; López Mourelo, E.; Pignatti, C. 2018. "Active labour market programmes in Latin America and the Caribbean: Evidence from a meta-analysis", in *The Journal of Development Studies*, DOI: 10.1080/00220388.2018.1546843.

European Commission (EC). 2018. *Access to social protection for all forms of employment: Assessing the options for a possible EU initiative* (Luxembourg, Directorate-General for Employment, Social Affairs and Inclusion).

Eurostat. 2018. "Almost half the unemployed at risk of monetary poverty in the EU", 26 Feb. Available at: https://ec.europa.eu/eurostat [24 Dec. 2018].

Faberman, R.J.; Justiniano, A. 2015. *Job switching and wage growth*, Chicago Fed Letter No. 337 (Chicago, IL, Federal Reserve Bank of Chicago).

Fields, G.S. 2011. *Poverty and low earnings in the developing world* (New York, NY, Cornell University, ILR School).

Food and Agriculture Organization of the United Nations (FAO). 2017. *Evidence on internal and international migration patterns in selected African countries* (Rome).

—. 2018. *Panorama de la pobreza rural en América Latina y el Caribe 2018* (Santiago).

Fukuda-Parr, S. 2016. "From the Millennium Development Goals to the Sustainable Development Goals: Shifts in purpose, concept, and politics of global goal setting for development", in *Gender & Development*, Vol. 24, No. 1, pp. 43–52.

Gallup; ILO. 2017. *Towards a better future for women and work: Voices of women and men* (Washington, DC, and Geneva).

Gore, C. 2015. "The post-2015 moment: Towards Sustainable Development Goals and a new global development paradigm", in *Journal of International Development*, Vol. 27, No. 6, pp. 717–732.

Grimshaw, D.; Koukiadaki, A.; Tavora, I. 2017. *Social dialogue and economic performance: What matters for business – A review*, Conditions of Work and Employment Series No. 89 (Geneva, ILO).

Gunes, A.T.A.; Canelas, C. 2013. *A multidimensional perspective of poverty, and its relation with the informal labor market: An application to Ecuadorian and Turkish data*, Documents de travail du Centre d'économie de la Sorbonne No. 31 (Paris, Sorbonne Economic Centre).

Hahn, J.K.; Hyatt, H.R.; Janicki, H.P.; Tibbets, S.R. 2017. "Job-to-job flows and earnings growth", in *American Economic Review*, Vol. 107, No. 5, pp. 358–363.

Haltiwanger, J.; Hyatt, H.; McEntarfer, E. 2015. *Cyclical reallocation of workers across employers by firm size and firm wage*, NBER Working Paper Series No. 21235 (Cambridge, MA, National Bureau of Economic Research).

Horemans, J.; Marx, I. 2017. *Poverty and material deprivation among the self-employed in Europe: An exploration of a relatively uncharted landscape*, IZA Discussion Paper Series No. 11007 (Bonn, IZA Institute of Labor Economics).

Intergovernmental Panel on Climate Change (IPCC). 2013. *Climate Change 2013: The physical science basis. Contribution of Working Group I to the Fifth Assessment Report of the Intergovernmental Panel on Climate Change* (Cambridge and New York, NY, Cambridge University Press).

International Labour Office (ILO). 2013. *Resolution concerning statistics of work, employment and labour underutilization*, Resolution I, 19th International Conference of Labour Statisticians, Geneva, 2–11 Oct.

—. 2014. *Recent experiences of formalization in Latin America and the Caribbean* (Lima, ILO Regional Office).

—. 2015a. *Nothing more permanent than temporary? Understanding fixed-term contracts*, INWORK and GOVERNANCE Policy Brief No. 6 (Geneva).

—. 2015b. *Transition to the formal economy in Latin America and the Caribbean* (Turin, International Training Centre of the ILO).

—. 2016. *Women at Work: Trends 2016* (Geneva).

—. 2017a. *World Social Protection Report 2017–19: Universal social protection to achieve the Sustainable Development Goals* (Geneva).

—. 2017b. *World Employment and Social Outlook 2017: Trends for women 2017* (Geneva).

—. 2017c. *Global Employment Trends for Youth 2017: Paths to a better working future* (Geneva).

—. 2017d. *Global estimates of child labour: Results and trends, 2012–2016* (Geneva).

—. 2017e. *Addressing governance challenges in a changing labour migration landscape*, Report IV, International Labour Conference, 106th Session, Geneva, 2017 (Geneva).

—. 2018a. *Women and men in the informal economy: A statistical picture*, third edition (Geneva).

—. 2018b. *Resolution concerning statistics on work relationships*, Resolution I, 20th International Conference of Labour Statisticians, Geneva, 10–19 Oct.

—. 2018c. *Asia-Pacific Employment and Social Outlook 2018: Advancing decent work for sustainable development* (Bangkok, ILO Regional Office).

—. 2018d. *World Employment and Social Outlook: Trends 2018* (Geneva).

—. 2018e. *Digital labour platforms and the future of work: Towards decent work in the online world* (Geneva).

—. 2018f. *Global Wage Report 2018/19: What lies behind gender pay gaps* (Geneva).

—. 2018g. *ILO global estimates on international migrant workers: Results and methodology* (Geneva).

—. 2018h. *Panorama Laboral 2018: América Latina y el Caribe* (Lima, ILO Regional Office).

—. 2018I. *Decent work and the Sustainable Development Goals: A guidebook on SDG labour market indicators* (Geneva).

—. 2018j. *World Employment and Social Outlook 2018: Greening with jobs* (Geneva).

—. 2018k. *Third-party monitoring of measures against child labour and forced labour during the 2017 cotton harvest in Uzbekistan* (Geneva).

—. 2019. *Work for a brighter future: Global Commission on the Future of Work* (Geneva).

—; UNICEF; World Bank Group. 2017. *Understanding trends in child labour* (Rome).

International Monetary Fund (IMF). 2018a. *World Economic Outlook, October 2018: Challenges to steady growth* (Washington, DC).

—. 2018b. *World Economic Outlook, April 2018: Cyclical upswing, structural change* (Washington, DC).

—. 2018c. *Regional Economic Outlook – Sub-Saharan Africa, April 2018: Domestic revenue mobilization and private investment* (Washington, DC).

—. 2018d. *Regional Economic Outlook – Sub-Saharan Africa, October 2018: Capital flows and the future of work* (Washington, DC).

—. 2018e. *Regional Economic Outlook: Middle East and Central Asia* (Washington, DC).

Karahan, F.; Michaels, R.; Pugsley, B.; Şahin, A.; Schuh, R. 2017. "Do job-to-job transitions drive wage fluctuations over the business cycle?", in *American Economic Review*, Vol. 107, No. 5, pp. 353–357.

Kruse, D.; Schur, L.; Rogers, S.; Ameri, M. 2018. "Why do workers with disabilities earn less? Occupational job requirements and disability discrimination", in *British Journal of Industrial Relations*, Vol. 56, No. 4, pp. 798–834.

Lazear, E.P.; Spletzer, J.R. 2012. "Hiring, churn, and the business cycle", in *American Economic Review*, Vol. 102, No. 3, pp. 575–579.

Leuze, K.; Strauss, S. 2016. "Why do occupations dominated by women pay less? How 'female-typical' work tasks and working-time arrangements affect the gender wage gap among higher education graduates", in *Work, Employment and Society*, Vol. 30, No. 5, pp. 802–820.

Lewis, K.; Burd-Sharps, S. 2015. *Zeroing in on place and race: Youth disconnection in America's cities* (Brooklyn, NY, Social Science Research Council).

Lopes, C. 2019. *Africa in transformation: Economic development in the age of doubt* (Palgrave Macmillan).

López Mourelo, E.; Escudero, V. 2017. "Effectiveness of active labor market tools in conditional cash transfers programs: Evidence for Argentina", in *World Development*, Vol. 94(C), pp. 422–447.

Luebker, M. 2017. *Poverty, employment and inequality in the SDGs: Heterodox discourse, orthodox policies?*, Working Paper No. 626 (The Hague, International Institute of Social Studies).

Marx, A.; Wouters, J.; Rayp, G.; Beke, L. (eds). 2015. *Global governance of labour rights: Assessing the effectiveness of transnational public and private policy initiatives* (Cheltenham, Edward Elgar Publishing).

Munakamwe, J.; Jinnah, Z. 2015. *A bitter harvest: Migrant workers in the commercial agricultural sector in South Africa*, MiWORC Policy Brief No. 5 (Johannesburg, University of the Witwatersrand, African Centre for Migration and Society).

Nübler, I. 2018. "New technologies, innovation, and the future of jobs", in E. Paus (ed.), pp. 46–75.

O'Higgins, N. 2017. *Rising to the youth employment challenge: New evidence on key policy issues* (Geneva, ILO).

Organisation for Economic Co-operation and Development (OECD). 2015. *In it together: Why less inequality benefits all* (Paris).

—. 2018a. *Beyond GDP: Measuring what counts for economic and social performance* (Paris).

—. 2018b. *For good measure: Advancing research on well-being metrics beyond GDP* (Paris).

Park, C.-Y.; Mercado, R.V. 2015. *Financial inclusion, poverty, and income inequality in developing Asia*, Asian Development Bank Economics Working Paper Series No. 426 (Mandaluyong City, Asian Development Bank).

Paus, E. (ed.). 2018. *Confronting dystopia: The new technological revolution and the future of work* (Ithaca, NY, ILR Press).

Pesole, A.; Urzí Brancati, M.C.; Fernández-Macías, E.; Biagi, F.; González Vázquez, I. 2018. *Platform workers in Europe* (Luxembourg, Publications Office of the European Union).

Pew Research Center. 2018. "At least a million sub-Saharan Africans moved to Europe since 2010", 22 Mar. Available at: www.pewglobal.org [22 Dec. 2018].

Piketty, T. 2014. *Capital in the twenty-first century* [tr. by A. Goldhammer] (Cambridge, MA, Harvard University Press).

Pollin, R. 2018. "Expanding job opportunities through global green growth", in E. Paus (ed.), pp. 76–93.

Rubery, J.; Grimshaw, D. 2015. "The 40-year pursuit of equal pay: A case of constantly moving goalposts", in *Cambridge Journal of Economics,* Vol. 39, No. 2, pp. 319–343.

Shimer, R. 2005. "The cyclicality of hires, separations, and job-to-job transitions", in *Federal Reserve Bank of St. Louis Review*, Vol. 87, No. 4, pp. 493–507.

—. 2012. "Reassessing the ins and outs of unemployment", in *Review of Economic Dynamics*, Vol. 15, No. 2, pp. 127–148.

UNESCO Institute for Statistics (UIS). 2018. Database accessed 30 Nov. 2018.

United Nations. 2017a. *UN World Population Prospects: Key findings and advance tables: 2017 Revision* (New York, NY).

—. 2017b. *Trends in International Migrant Stock: The 2017 revision* (New York, NY, Department of Economic and Social Affairs).

United Nations Conference on Trade and Development (UNCTAD). 2013. *Trade and Development Report, 2013: Adjusting to the changing dynamics of the world economy* (New York and Geneva, United Nations).

—. 2018. *Economic Development in Africa Report 2018: Migration for structural transformation* (New York and Geneva, United Nations).

Vadlamannati, K.C. 2015. "Rewards of (dis)integration: Economic, social, and political globalization and freedom of association and collective bargaining rights of workers in developing countries", in *ILR Review*, Vol. 68, No. 1, pp. 3–27.

World Economic Forum (WEF). 2018. "Agenda in focus: Beyond GDP". Available at: www.weforum.org [30 Nov. 2018].